비건 브런치

나와 지구를 살리는 맛있는 채식 챌린지

비건 브런치

1판 1쇄 발행 2023년 05월 01일

지은이 정소진
펴낸이 김선숙, 이돈희
펴낸곳 그리고책(주식회사 이밥차)
주소 서울시 서대문구 연희로192(연희동 76-22, 이밥차 빌딩)
대표전화 02-717-5486~7
팩스 02-717-5427
홈페이지 www.2bob.co.kr
출판등록 2003년 4월 4일 제10-2621호
본부장 이정순
편집책임 박은식
편집진행 노애리, 이나리
영업마케팅 이선미
디자인 김진디자인
교정교열 김혜정

ⓒ 2023 정소진
ISBN 979-11-91923-04-9   13590

Vegan Brunch

비건 브런치

정소진 지음

그리고책
andbooks

비건 메뉴를 만들고 수업을 하면서 가장 많이 듣는 질문은 "선생님도 비건이세요?"이다. 나는 조금 수줍어하며, 그리고 약간 미안한 감정을 느끼며 아니라고 대답한다. 나는 채소를 좋아하고 가급적 고기를 쓰지 않지만 완전한 비건은 아니다. 어쩌면 평생 완전한 비건은 될 수 없을지도 모른다.

2020년 여름장마가 54일을 기록했다. 두 달 내내 비가 온 셈이다. 오늘도 어둡고 내일도 어두울 것이 분명한 창밖을 보면서 위기감이 몰려왔다. 뭐라도 해야 하는 게 아닐까 하는 마음에 이것저것 찾아 보다 고기를 먹지 않는 것이 지구 환경에 매우 도움이 된다는 것을 알게 되었다. 고기 대신 채소를 먹는 것 정도라면 나도 쉽게 실천할 수 있을 것 같았다.

육수를 채수로 바꾸는 것부터 시작했다. 고기가 적게 사용되는 음식들에서 아예 고기를 빼고, 유제품을 사용하지 않는 조리법을 익혔다. 그러다 채식요리지도사 공부도 하게 되었다. 선물 받은 고기를 구워 먹고 난 뒤 환기를 해도 3일간이나 고기 냄새가 느껴지는 내 자신이 신기하게 느껴질 무렵, 이 책을 준비하게 되었다.

고기 없이 하는 음식들은 과정이 짧고 설거지가 쉽다. 요즘엔 채소 가격도 만만치 않지만 여전히 상대적으로 재료비가 덜 든다. 맛이나 모양도 빠지지 않는다. 그렇다면 채식 요리를 하지 말아야 할 이유가 없다. 실제 나는 크림파스타를 만들기 위해 더 이상 생크림을 주문하지 않는다. 대신 캐슈넛을 한 줌 꺼내 불리고 오트밀크에 갈아 크림파스타를 만든다. 버리는 것도 없고 무엇보다 먹고 난 뒤 속이 편하다.

고기를 줄이기 시작한 뒤로 피부도 맨들맨들해졌다. 더불어 다양한 채소의 면면을 알아가는 기쁨도 있었다. 아스파라거스가 매우 단 채소라는 걸 알게 됐고, 채소의 맛뿐 아니라 색의 조화를 맞추는 재미도 알게 되었다. 남는 채소들은 얼리거나 말려 낭비하지 않는 방법을 익히게 됐고 무심코 버렸던 채소 꼭지나 껍질을 모아 채수를 내는 요령도 생겼다. 쓸모없는 것들의 쓸모를 찾아내고 경계를 넘어 새로운 맛을 찾아내는 일은 즐겁고 신기하기도 했다.

출판사 대표님과 처음 미팅한 날, "운동가라고 하면 될까요?" 하는 말에 나는 당치 않다고 펄쩍 뛰었다. 나는 누군가에게 삶의 방향을 전파하고 함께 가자고 이끌 만한 사람이 못 된다. 아직도 김장날엔 수육이 아쉬운 사람인데 내가 누구를 독려해 삶의 태도를 바꾸라고 할 수 있단 말인가. 그럼에도 이 책을 쓰게 된 이유는 여기 소개한 음식들을 만들고 먹는 동안 내가 누린 즐거움에 대해서 말하고 싶었기 때문이다. 지구에 덜 해롭고 다른 생명의 고통을 줄이기 위한 선택이 담긴 레시피로 음식을 만들어 먹을 때의 안도감과 만족감은 생각보다 큰 것이었다. 내가 경험하고 배운 모든 것을 조금이라도 나누고자, 소중한 사람들과 함께 즐겨도 좋을 음식들을 이 책에 담았다.

책을 만드는 동안 함께해 주신 분들 덕분에 행복하고 즐거웠다. 지칠 때마다 파이팅을 외치며 끌어 준, 요리 실력과 진행 능력을 동시에 보여준 에디터 이나리 님, 차분차분 길을 짚어 돌아갈 길을 줄여 준 노애리 팀장님, 너무 멋진 스타일링으로 감탄을 멈추지 못하게 한 스튜디오 사슴 김미은 실장님과 노정아 팀장님, 매번 사진 확인하러 가는 걸음을 설레게 만들어 주신 율스튜디오 박형주 실장님, 책 작업에 대한 현실적 조언과 요리에 관한 실질적인 도움을 아끼지 않으신 내 멘토이자 친구인 요리연구가 정미경 선생님, 그리고 이런 모든 귀한 경험을 선물해 주신 그리고책 대표님께 깊은 감사의 인사를 드린다.

20여 년 전 뜬금없이 요리 공부를 하겠다는 딸을 꼬르동 블루에 보내 모든 것의 시작을 만들어 주신 사랑하는 엄마 아빠와 매일 내게 웃음을 주고 행복을 주는 남편에게, 추억의 맛이 아니라 진짜 맛있어서 추억하게 되는 음식으로 내 요리 경험을 넓혀 주신 시어머니 김진자 여사님께도 감사의 말씀을 드리고 싶다.

지난 가을에도 마당 감나무에서 감을 한 자루 거두고 까치 몫으로 몇 개를 남겨 놨다. 채소 요리를 만들고 먹는 일도 비슷한 것 같다. 다 거두어 먹어도 누가 뭐랄 사람 없지만, 이 땅의 다른 생명들과 함께 살기 위해 조금씩 자제하고 나누는 것. 봄마다 찾아오는 벌들이 확연히 줄어 마음이 좋지 않다가도, 가을 창밖으로 보이는 참새들이 낙엽을 뒤지며 벌레를 쪼는 분주한 움직임에 안도감을 느낀다. 어느 날 감을 한 개도 거두지 않고 그대로 남겨 놔도 새들이 찾아오지 않는 때가 오지 않기를 바라며 오늘도 채소로 식탁을 차린다.

정소진

Contents

Start —————— 시작하는 요리

Pasta & Gnocchi —— 파스타 & 뇨끼

Salad —————— 샐러드

Noodle & Rice ———— 누들 & 라이스

baking & Entrée —베이킹 & 일품요리

Sandwich ———————— 샌드위치

Soup ———————— 수프

비건은 뭘 말하는 건가요?

비건은 동물을 학대하거나 착취하는 것을 거부하는 신념인 비거니즘을 실천하는 사람들을 말해요. 채식을 하는 것뿐 아니라 동물성 제품을 사용하지 않고 동물을 살상하거나 고통을 주는 행위를 최소화하고자 하는 삶의 태도를 가진 사람들을 말합니다.

식생활로 좁혀 보면 여러 종류의 채식 유형 가운데 비건식을 놓을 수 있어요. 비건식을 지향하지만 상황에 따라 육류를 허용하는 플렉시테리언, 육류는 먹지 않지만 가금류는 허용하는 폴로 베지테리언, 생선과 해물을 허용하는 페스코 베지테리언, 달걀과 난류를 먹는 오보 베지테리언, 우유, 버터 등의 유제품을 먹는 락토 베지테리언 등이 있어요. 비건은 위의 모든 동물성 식품을 제한할 뿐 아니라 식물성이라도 동물을 착취하거나 동물의 부산물이 첨가된 식재료도 소비하지 않는 방식을 말해요.

'비건지향(flexible vegan)'이라는 표현도 많이 쓰이죠. 완전한 비건이 쉽지 않기 때문에 선택하기도 하고 스스로의 신념이나 가치에 따라 선택하기도 해요. 호주의 생명윤리학자인 피터 싱어 교수는 〈왜 비건인가〉라는 책에서 본인을 '비건지향'이라고 소개하며 "나는 거의 비건이지만, 비거니즘을 종교처럼 생각하지는 않는다. (중략) 비건 식단에서 약간 벗어나는 일은 그리 중요하지 않다. 내 목표는 여전히 처음 채식주의자가 되었을 때와 같이 소비로써 비윤리적 행위를 지지하지 않는 것이다"라고 말하고 있습니다. 피터 싱어 교수는 "중추신경과 두뇌가 없기 때문에 무언가를 느낄 가능성이 매우 적은 굴과 일부 다른 두껍질 조개"를 먹기도 하고 "가끔 자유 방목 닭알을 먹기도 한다"고 같은 책에 쓰고 있어요.

건강과 환경에 대한 관심 때문에 비건식을 접하게 되었다가 차츰 동물권에 관심을 갖게 되고 조금씩 더 비거니즘에 가까운 삶을 살게 되기도 해요. 벨기에의 비건 운동가 토바이어스 리나르트는 〈비건세상 만들기〉라는 책에서 "다수의 채식지향인은 소수의 비건보다 더 빠르게 제도를 바꿀 수 있고 채식지향인 집단은 비건보다 더 많은 동물을 살린다"고 말했어요. 피터 싱어 교수처럼 본인의 판단에 따라 비건지향을 선택하든, 자꾸 실패하기 때문에 '비건지향'이라고 스스로를 명명하든, 혹은 채식의 어떤 유형에 속해 있거나 그렇지 않더라도, 그리고 무엇보다 '완벽'하지 않더라도 시도와 실천은 중요하고 늘 의미 있는 일이에요.

내가 비건식을 한다면?

환경에 도움이 돼요

기후위기는 이제 가시화되어 뉴스에서 지구촌 곳곳의 홍수와 태풍, 거대 산불의 소식을 접하는 일이 일상이 되었어요. 북극, 남극 같은 어느 먼 곳의 이야기가 아니라 바로 서울 한복판에서 이상기후를 마주하게 되었죠. 환경을 위해 우리는 텀블러나 에코백을 사용하거나 분리수거를 철저히 하고 대중교통을 이용할 수도 있지만 채식을 한다면 다른 어떤 방법보다 더 효과적이고 빠르게 온실가스를 줄이는 데 일조할 수 있게 됩니다. 축산업은 세계 온실가스 배출량의 약 15%를 차지하는데, 이는 전 세계 자동차, 기차, 배, 비행기 등 모든 운송업으로 인한 배출 비중과 비슷합니다. 또한 가축을 키우기 위해 숲에 불을 질러 토지를 확보하고, 사료를 재배하기 위해 땅을 개간하죠. 이 과정에서 야생동물들이 멸종으로 내몰립니다. "만약 모든 사람들이 채식 위주로 식단을 바꾼다면 지금 사용되는 땅의 75%는 덜 사용될 수 있을 것입니다." -그린피스-

건강에 도움이 돼요

채소류와 해조류에는 각종 영양소가 풍부하게 들어 있죠. 특히 비타민과 섬유질의 주요 공급원이 된다는 것은 널리 알려진 사실이에요. 채소의 면역물질인 파이토 케미컬은 사람의 면역력도 높이고 콜레스테롤 수치를 낮춰 각종 성인병을 예방하는 역할도 해요. 또한 채소와 과일, 해조류에서도 질 좋은 단백질과 지방을 얻을 수 있는데, 이에 대해서는 잘 알려져 있지 않죠. 채식과 건강에 대해 더 자세히 알고 싶다면 채식 입문서로 유명한 콜린 캠벨의 〈무엇을 먹을 것인가〉를 추천해요.

동물의 고통을 줄일 수 있어요

채식을 선택하면 공장식 축산으로 고통받는 동물의 수를 줄일 수 있어요. 생산 효율을 우선하여 동물의 본성을 고려하지 않고 밀집 사육하는 공장식 축산에서는 자연 상태라면 필요하지 않을 살충제와 다량의 항생제를 사용하고, 각종 호르몬제나 성장촉진제를 투여하기도 합니다. 좁은 공간에서 스트레스를 받은 닭들이 서로를 공격하는 것을 막기 위해 신경이 있는 부리를 마취 없이 잘라내기도 하고, 움직일 수 없는 공간에 돼지를 가두고 마취 없이 거세하고 꼬리 등을 자르기도 해요. 채식을 선택하는 것은 이러한 공장식 축산에 대한 의미 있는 대항이 될 수 있어요.

왜 비건 브런치인가요?

비건식에 관심이 생기고 처음 채식을 하기 시작했을 때는 오히려 어렵지 않았어요. 밥에 채소 반찬만 먹어도 비건식이 되니까요. 그런데 곧 한계가 왔어요. 그간 고기, 달걀, 치즈 등 동물성 식품에 너무 익숙해져 있기 때문에 끊으려고 하니 쉽지 않았죠. 즐기던 음식들을 동물성 재료를 배제하고도 즐길 수 있는 중간 단계가 필요하다고 생각하게 됐어요. 파스타를 좋아하는데 소고기나 닭고기, 해산물이나 치즈 없이 만들려니 파스타는 식단에서 아예 제외해야 하는 음식이 되더라고요. 저는 파스타도, 샌드위치나 샐러드도 다양하게 먹고 싶었어요. 그래서 이런저런 테스트를 하면서 비건 브런치 메뉴를 만들기 시작했어요. 그랬더니 채식이 훨씬 즐거워졌고 오래 할 수 있을 것 같은 생각이 들었죠.

매일 비건 브런치를 먹는 건 아니에요. 거의 밥과 반찬으로 된 일상식을 하고 가끔 이런 음식들을 만들어 먹죠. 누군가 집에 왔을 때 함께 먹기도 좋아요. 고기가 없으면 뭔가 허술한 대접을 한 것처럼 느낄까 봐 염려되었는데, 이 메뉴들을 대접하니 손님들도 맛있고 속이 편하고 부담스럽지 않아 좋다고 하셨어요. 비건이라고 말하지 않으면 모르는 분도 있었고요.

비건 브런치가 동물성을 배제한 식사를 해보기에 좋은 시작점이 될 수 있겠다는 생각이 들어요. 맛과 차림새도 논비건식 못지않고 식재료비도 덜 들고 설거지도 훨씬 쉬우니 일주일에 한 번 비건 브런치를 해보면 어떨까요.

비건 재료는 많이 특별한가요?

채소, 견과류 등 우리가 일반적으로 알고 있는 식물성 재료들을 자유롭게 활용하면 된답니다. 다만, 가공식품의 경우 식품 첨가물에 동물성 성분이 들어 있는 경우가 있어 비건인지 확인이 필요해요. 마요네즈나 버터처럼 달걀이나 유제품이 들어 있다는 걸 쉽게 짐작할 수 있는 제품이야 문제가 없지만, 카레가루나 미소된장처럼 주재료는 식물성인데 육류나 생선 맛 성분 등이 함유되어 있어 비건으로 분류할 수 없는 경우도 있거든요. 반대로 비건이 아닐 것 같은데 의외로 비건인 경우도 있어요. 땅콩버터는 '버터'라는 이름이 붙어 비건이 아닐 것 같지만 식용유를 사용한 제품들이 대부분이고 두반장(이금기 제품)이나 해선장도 기름이 많고 고기를 많이 사용하는 중식이나 동양식 요리에 활용되다 보니 논비건일 것 같지만 비건이랍니다.

동물성 첨가물이 들어가 있지 않은 식물성 식재료라고 해도 비건들이 멀리하는 것들도 있어요. 환경을 파괴하거나 동물을 착취하여 얻어진 식품들은 윤리적 관점에서 소비하지 않으려고 하는 것이지요. 꿀은 채취하는 과정에서 꿀벌들을 착취, 학대하게 되어 논비건으로 분류하고 꿀벌의 부산물인 밀랍이나 벌꿀로 만드는 프로폴리스 등도 논비건으로 분류된답니다. 팜유의 경우도 생산과정에서 열대 우림을 훼손할 뿐 아니라 지역 주민들에게도 큰 피해를 입히기 때문에 소비하지 않으려는 재료 중 하나예요.

첨가물을 일일이 확인하지 않고도 쉽게 선택할 수 있도록 '비건'이라고 명시되어 있는 제품들이 많으면 참 좋은데 아직까지는 그렇게 다양하지가 않은 상황이에요. 비건 가공식품을 구하는 가장 쉬운 방법은 비건 재료를 판매하는 식재료몰을 이용하는 거예요. 비건 식재료들을 모아서 판매하는 곳도 있고 자체적으로 개발한 상품들을 판매하는 곳도 있어요. 또한 내가 선택하려는 식품이 비건인지 알려주는 앱을 이용하는 것도 좋은 방법입니다.

《비건을 위한 앱》

| 비니티 | 식품명을 검색하면 비건 여부를 알려주는 기능이 있어요. 비건 온라인몰도 소개되어 있고 서로 궁금한 점을 물을 수 있는 커뮤니티도 있어 유용합니다. |
| 비건로드 | 비건 레스토랑, 베이커리와 카페 등을 소개하는 앱이에요. 비건 전문 식당이 아니더라도 일부 비건 메뉴를 판매하는 곳도 함께 소개하고 있습니다. 지도에 즐겨찾기해 둘 수도 있고 블로그 리뷰도 함께 확인할 수 있어 편리해요. |

《비건을 위한 식재료 쇼핑몰》

닥터비건	www.drvegan.co.kr
러빙헛	www.lovinghut.co.kr
베지나랑 공양간	www.vegenarangchan.shop.blogpay.co.kr
베지랜드	www.vegeland.com
베지맘	www.vegemom.kr
베지푸드	www.vegefood.co.kr
채식나라	www.chaesiknara.co.kr
채식사랑	www.veganlove.co.kr
채식한끼몰	www.hanggi.kr
플랜잇샵	www.planteatshop.com

대체육과 비건 치즈

가공식품이라면 비건 제품이라 할지라도 건강적인 측면에서 볼 때 천연재료 같을 수는 없으므로 저는 가급적이면 사용하지 않으려 해요. 이 책에서도 대체육이나 가공치즈 등을 활용한 레시피는 소개하지 않았어요. 그러나 비건식에 좀 더 쉽게 다가갈 수 있게 해주고 비건으로서 다양한 음식을 즐길 수 있다는 관점에서는 좋다고 생각합니다.

대체육은 만드는 회사에 따라 제조 공법이 달라요. 콩에서 추출한 단백질 분말을 고온, 고압으로 뻥튀기처럼 뽑아 낸 뒤 냉각해 고기와 같은 결을 만들어 내기도 하고, 단백질을 정렬시킨 뒤 물에 불려 찢어 고기 근섬유와 같은 질감 및 식감을 구현하기도 하죠. 어느 쪽이든 식물성 단백질만을 사용하기 때문에 제조과정 중 이산화탄소 발생량이 동물성에 비해 적어요. 또한 실제 육류의 질감을 느낄 수 있기 때문에 고기를 좋아하는 분들에게 좋은 대안이라고 생각됩니다. 최근에 여러 식품기업에서 대체육 제품이나 대체육을 이용한 여러 제품들을 속속 내놓고 있으니 조금 더 기다리면 점점 더 맛있고 다양한 비건 제품들을 만나 볼 수 있을 것 같아요.

비건 치즈는 우유 대신 코코넛 오일을 사용해 만드는데 일반 치즈 대비 콜레스테롤이나 칼로리가 낮은 장점이 있어요. 모차렐라 치즈처럼 부드러운 타입, 파르미지아노 레지아노같은 하드 블럭 타입, 또는 크림치즈처럼 아주 부드러운 타입도 있어 취향과 용도에 맞게 골라 쓸 수 있어요. 이 책에는 갈아서 굳히는 정도의 공정으로 쉽게 만들 수 있는 리코타치즈 타입과 페타치즈 타입을 홈메이드로 만드는 법을 소개해 두었어요.

비정제 설탕

아가베 시럽

레드와인 비니거

발사믹 비니거

라임

레몬즙

디종 머스타드

미소된장

코코넛 쿠킹오일

뉴트리셔널 이스트
(영양효모)

이 책에서 사용한
재료와
특별한 활용법

• 비정제 설탕

이 책의 모든 레시피에 사용된 설탕은 비정제 설탕이에요. 비정제 설탕 또는
유기농 설탕을 구매하면 되는데, 정제되지 않아 색이 누르스름하고 사탕수
수의 향이 남아 있어요. 또한 일반 백설탕보다 입자는 약간 크고 당도는 약
간 낮습니다. 마스코바도는 비정제 설탕의 일종이지만 색이 진하고 고유의
맛이 있어 이 책에서는 사용하지 않았어요.

• 아가베시럽

아가베시럽은 용설란이라는 선인장에서 추출된 수액으로 만든 시럽이에
요. 뾰족한 잎의 모양이 용의 혀를 닮았다고 해서 용설란이라는 이름이 붙
었죠. 단맛이 진하고 특유의 향이 없으며 색도 꿀과 비슷해 꿀의 대용으로
사용하기에 좋아요.

• 와인 비니거

와인 비니거는 와인을 발효해 만든 식초에요. 식초는 과일이나 곡식 등을
발효해 생성된 알코올을 다시 발효시켜 만드는데, 원물을 발효시키는 과정
을 생략하고 맛이나 향을 첨가해 완성기도 해요. 그러나 와인 비니거의
경우는 포도를 발효시킨 와인에서부터 시작하기 때문에 와인에 산화방지제
정도 첨가한 것이 대부분이랍니다. 화이트와인 비니거는 가볍고 상큼한 향
이 있고 레드와인 비니거는 붉은색에 좀 더 깊은 풍미가 있어요.

• 발사믹 비니거

발사믹 비니거는 와인 비니거에 비해 맛이 묵직하고 단맛이 있어요. 전통
적인 발사믹 비니거는 끓인 포도즙만을 사용하고 크기와 종류가 다른 다
섯 개의 나무통에 옮겨가며 12년 이상 발효시키는 정성스러운 과정을 거치
지만 생산량이 너무 적고 비싸죠. 흔히 구할 수 있는 발사믹 비니거는 와인
비니거를 섞기도 하고 캐러멜을 넣어 농도와 색깔을 내기도 하므로 성분을
확인하고 가급적 포도즙 함량이 높은 것으로 구매하는 게 좋아요. 발사믹

글레이즈, 발사믹 크림은 발사믹 식초로 만든 시럽 타입의 소스라고 보면 됩니다.

• 레몬즙과 라임즙

레몬과 라임을 직접 짜서 사용하면 제일 좋지만 저는 시판 레몬즙도 많이 이용해요. 낭비가 없고 이미 즙을 낸 상태이기 때문에 편리하기도 하고요. 시판 레몬즙을 구매할 때는 레몬즙의 함량을 살펴보세요. 레몬즙 함량이 낮은 제품은 맛이 날카롭고 향도 부족하니 원액 함량이 높은 제품으로 골라요. 껍질을 갈아 제스트를 만들어 함께 사용해야 할 때는 원물을 사용해 주세요.

• 디종 머스터드

디종 머스터드는 갈색 겨자씨를 갈아 화이트와인을 섞어 만들어요. 프랑스 디종이 원산지인데 AOC로 보호받고 있지는 못해서 다른 곳에서 만들어도 디종 머스터드라는 이름을 쓸 수 있어요. 한식에 쓰는 겨자처럼 톡 쏘는 매운 맛이 강하지 않고 은근하고 짙은 맛이 나는 소스입니다. 겨자씨를 완전히 다 갈지 않아 점점이 씨가 보이고 톡톡 씹히는 맛이 있는 홀그레인 머스터드도 있습니다.

• 미소된장

미소는 우리 된장처럼 콩으로 만드는 것이니 당연히 비건이라 생각할 수 있는데 의외로 가쓰오부시 엑기스가 첨가된 것들이 많아요. 포장지에 가다랑어 그림이 그려져 있다면 가쓰오부시 첨가물이 들어 있는 것으로 보면 돼요. 쇠고기 엑기스가 첨가되어 있는 것들도 있으니 성분을 확인해 보고 구매하기를 권합니다.

• 코코넛 쿠킹오일

코코넛 쿠킹오일은 비건 치즈의 주요 재료예요. 여전히 코코넛 향이 남아 있긴 하지만 코코넛 오일에 비해서는 향이 훨씬 적고 26℃ 이하에서는 굳는 성질이 있어요. 코코넛 쿠킹오일을 사용할 때 굳어 있는 상태라면 전자레인지에 살짝 녹여 쓰세요. 비건 치즈를 만들어 냉장실에 보관하면 온도 변화로 인해 치즈가 잘 굳는답니다. 여름에는 액체 상태가 되니 그대로 쓰면 돼요.

• 뉴트리셔널 이스트

뉴트리셔널 이스트는 영양효모라고 하는데 비건 요리에서 치즈 맛을 주고 싶을 때 사용해요. 이스트이긴 하지만 비활성 진균류로 만들었기 때문에 빵에 넣는 이스트처럼 부풀게 하는 역할을 하지는 않아요. 고소한 치즈 맛이 나서 파스타 등에 사용하기도 하고 토핑으로 뿌리기도 하는데, 많이 쓰면 효모 특유의 꿉꿉한 향이 느껴지니 주의해 주세요.

오레키에테

바게트

링귀니

리가토니

스파게티

두유

카사레치아

오트밀크

치아바타

피타브레드

올리브치아바타

통밀빵

통밀캄파뉴

토르티야

• **파스타류**

이 책에서는 페투치네, 스파게티, 카사레치아, 오레키에테 등 다양한 파스타를 사용했어요. 반드시 명명된 파스타를 사용하지 않아도 되고 레시피에 표기되어 있는 용량만 맞추면 좋아하는 파스타로 대체할 수 있어요. 롱파스타는 다른 종류의 롱파스타로, 쇼트파스타는 다른 쇼트파스타로 대체해 주세요. 건면은 대부분 듀럼밀 세몰리나로 만드는데요, 간혹 달걀을 넣은 것도 있답니다. 성분표에 전란액, 난황액 등의 표시가 있으면 달걀성분이 함유된 것이니 참고해 주세요.

• **빵류**

치아바타, 토르티야, 통밀빵 등은 버터나 우유, 달걀 등을 쓰지 않아요. 사워도우나 캄파뉴, 피타브레드 등도 밀가루와 물, 이스트, 오일 정도의 간단한 재료만으로 만들어지므로 일반 빵집에서 구매할 때도 이런 종류의 빵을 고르면 돼요. 그러나 간혹 꿀이나 팜유, 우유 등을 넣은 제품들도 있으니 확인해 주세요. 최근에는 비건 빵을 판매하는 곳이 많아 인터넷으로 쉽게 구할 수 있답니다.

• **비건 밀크류**

비건 밀크는 견과류를 이용해서 만들 수도 있는데 보관기간이 길지 않아 저는 시제품을 많이 이용해요. 주로 두유, 오트밀크, 바리스타용 오트밀크를 쓰고, 당분이 들어 있지 않은 제품을 사용합니다. 두유는 레시틴 성분이 있어 거품이 잘 나는 편인데 귀리음료인 오트밀크는 좀 더 묽고 거품은 잘 안 나는 편이에요. 오트밀크로 거품을 내고 싶다면 바리스타용을 쓰면 돼요. 집에서 라테 만들어 마실 때도 좋고 각종 수프를 만들어 먹기에도 좋아요.

캐슈넛

브라질너트

데이츠

병아리콩

두부

렌틸콩

오레가노

파슬리

견과류, 콩류, 허브류

• 캐슈넛

비건 요리를 하기 전까지 캐슈넛은 약간 달콤하고 고소한 맛있는 견과류일 뿐이었는데 이렇게 쓰임새가 많을 줄은 몰랐어요. 캐슈넛은 비건 크림소스의 주요 재료예요. 물에 불려 갈아서 익히면 크림 같은 부드러운 맛과 식감을 낸답니다. 맛도 좋고 생크림으로 만드는 크림소스보다 가성비도 좋아요. 견과류는 산패되기 쉬우니 오래 보관해야 한다면 구입 후 바로 냉동실에 보관해 주세요.

• 브라질너트

브라질너트는 비타민 E와 셀레늄 성분이 많아 노화방지에 도움을 주고 면역력에도 좋다고 알려져 있어요. 땅콩이나 캐슈넛 등에 비해 좀 싱거운 맛이 나는데 엄지손가락 한 마디 정도로 큼직해 다른 용도로 사용하기 좋아요. 칼로 껍질을 살살 긁어 떼어낸 뒤 치즈 그레이터에 갈아 뿌리면 마치 치즈를 뿌린 것 같은 효과를 낼 수 있답니다.

• 데이츠

데이츠는 대추야자 열매를 말해요. 대추하고 매우 비슷하게 생겼는데 당도가 강하고 맛이 부드러워 설탕 대신 사용하기도 좋답니다. 과육 자체가 매우 달기 때문에 가운데 마지판만 끼워서 디저트로도 먹는 건과이에요. 설탕 대신 사용할 때는 물에 살짝 불려 주고, 믹서에 갈 때는 과육이 쫀득하기 때문에 찢어서 넣어야 잘 갈립니다.

• 병아리콩

동그란 형태에 부리처럼 뾰족하게 튀어나온 부분이 있어 병아리콩이라고 불려요. 콩비린내가 없이 연한 단맛이 돌고 파삭한 식감이 밤과도 비슷해요. 중동 지역의 주요 작물로 항산화물질과 식이섬유가 풍부한 훌륭한 식재료입니다. 한 번에 많이 삶아 소분해서 냉동했다가 샐러드나 샌드위치를 만들어 먹어도 좋고, 밥할 때 넣거나 수프나 카레에 넣어도 좋은, 쓸모가 많은 식재료입니다.

• 렌틸콩

붉은색, 갈색, 녹색 등 다양한 색의 렌틸콩은 고소하면서도 담백한 맛이 있어요. 단백질과 식이섬유가 풍부해 비건 요리에서는 다진 소고기가 쓰일 만한 곳에 대체제로 활용하면 좋아요. 알갱이가 작고 납작해서 불리지 않아도 돼 사용하기 편리합니다.

• 두부

두부 자체로도 이미 훌륭한 음식이지만 비건 요리에서는 더욱 다양한 쓰임새를 지녀요. 물기를 꼭 짜서 으깨 비건 치즈의 재료로 쓰기도 하고 비건 마요네즈를 만들 수도 있어요. 단단하게 부친 뒤 조려서 고기나 달걀 대신 사용하기도 합니다. 수분이 많은 찌개용보다 단단한 부침용이 사용하기 좋습니다.

• 마른 허브류

저는 화단에서 허브를 키우는데요, 봄, 여름에는 잘 자라 쓰기에 좋지만 비에 쉽게 녹고 사서 쓰면 남아서 버리게 되는 경우가 많아 마른 허브도 많이 사용해요. 마른 허브를 사용할 때는 가열하기 시작할 때 넣어 향을 우리고 질감을 부드럽게 해주는 게 좋아요. 프레시 허브를 사용한다면 가열 단계의 끝에 넣어 향을 살려 주세요. 마른 허브는 실리카겔을 넣어 실온에 보관할 수도 있지만 최근 우리나라의 기후가 여름에 몹시 습하고 비가 많이 오니 냉동실에 보관하는 걸 추천해요.

천연 재료를 활용해 보세요.

설탕 대신 말린 과일을 쓰거나 사과나 배처럼 당분이 많은 과일을 쓰는 것도 좋아요. 유자청이나 매실청, 오미자청 등 과일 발효액에 올리브오일, 식초, 간장 정도만 섞어 샐러드드레싱을 만들면 편리하고 맛도 있습니다.
또한 버섯, 다시마, 토마토를 활용해 보세요. 이 재료들은 채소 요리에 부족한 감칠맛을 더해 줘요. 물 대신 다시마나 버섯 우린 물을 사용하거나 카레나 소스 요리를 할 때 토마토를 뭉근히 익혀 넣어 주면 염분으로 내는 맛과는 다른 깊은 맛을 준답니다.

깊은 맛을 끌어내는 조리법을 활용해 보세요.

채소는 센 불에 재빨리 볶는 게 정답이라고 생각하지만 늘 그런 것은 아니에요. 파스타를 만들 때 마늘 향을 내기 위해 올리브오일을 두르고 마늘을 먼저 볶잖아요? 향을 내기 위해서는 센 불이 아니라 중약 불에 볶아 맛을 끌어내는 게 좋죠. 채소를 볶아 수프를 만들거나 국물을 만들 때는 마음을 느긋하게 먹고 시간을 충분히 들여 깊은 맛을 끌어내 주세요.

신선한 채소 보관법을 잘 알아 두세요.

채소는 육류처럼 냉동 보관이 어렵고 가공식품처럼 오래 보관하기도 어렵기 때문에 상해서 버리기 쉽죠. 이런 일이 반복되면 채식의 의욕이 꺾일 수 있어요. 채소 보관법을 알아 두면 채식을 지속하는 데 훨씬 도움이 됩니다. 적은 수의 식구들이 한두 번에 먹기 어려운 채소들의 보관법을 알려 드릴게요.

• 감자

종이 박스 옆면에 구멍을 송송 내고 담아 두거나 통풍이 잘되는 바구니에 신문지를 깔고 보관합니다. 감자를 깔고 신문지를 덮고 또 감자를 깔고 신문지를 덮어 켜켜이 담아 주세요. 사과 한 개를 함께 넣어두면 사과에서 나오는 에틸렌 가스가 싹이 나는 걸 방지해 보다 오래 보관할 수 있어요. 햇빛이 있는 곳에 보관하면 녹색으로 변하니 서늘하고 통풍이 잘되는 그늘에 보관해 주세요.

• 고구마

감자처럼 통풍이 잘되도록 종이 박스와 망 바구니, 신문지를 이용해 보관해요. 고구마는 사서 바로 먹는 것보다 한두 주 두었다 먹으면 더 달아지지만 너무 오래 보관하지 않도록 합니다. 겉으로 보기에는 멀쩡하다 순식간에 속이 썩어 버릴 수 있답니다.

• 대파

대파는 실온에 그대로 두면 끝이 노랗게 마르기 시작하고, 비닐에 쌓인 채로 두면 곧 곰팡이가 나고 썩어 버려요. 구입 후 바로 뿌리를 잘라내고 다듬어 깨끗이 씻은 뒤 적당한 크기로 잘라 냉장 보관합니다. 뿌리 쪽을 아래로 향하게 해서 세로로 보관하면 더 오래 보관할 수 있어요. 바로 냉장 보관하기 어려운 상황이라면 다듬지 않은 채 실온 보관하되, 비닐을 벗기고 신문지에 싸서 세워 보관하거나 통에 뿌리가 잠길 정도의 물을 붓고 담가 보관해 주세요.

• 마늘

저는 햇마늘이 나는 6월에 일년치 마늘을 준비하는데요, 통마늘은 2~3등분으로 쪼개 가운데 심을 빼고 서늘한 곳에 신문지를 깔고 펼쳐 하루이틀 수분을 말립니다. 심이 제일 먼저 썩기 시작하기 때문인데요, 수분을 말린 마늘은 망에 넣어 서늘하고 통풍이 잘되는 곳에 보관하거나 망 바구니에 신문지를 깔고 담아 보관합니다. 마늘이 마르는 것 같으면 밀폐용기에 신문지를 한 켜씩 깔고 담아 냉장 보관하면 오래 보관할 수 있어요.

• 셀러리

셀러리는 통째로 구입하는 것과 다듬어진 것을 구입할 때 가격 차이가 큰 채소 중 하나예요. 냉장실에서 생각보다 오래 보관이 가능해 저는 통째로 구매하는 것을 선호합니다. 셀러리는 잎과 대를 분리해 주세요. 잎 쪽은 잘라서 깨끗이 씻어 피클을 담그면 향긋하고 맛있어요. 잎을 자른 두꺼운 셀러리 대는 셀러리 꼭지를 잘라내 분리한 뒤 씻어 물기를 완전히 제거하고 밀폐용기에 담아 뿌리 방향이 아래로 가도록 세워 보관해 주세요.

• 아보카도
아보카도는 후숙이 중요해요. 느리게 후숙하고 싶으면 쌀독에, 빨리 후숙하고 싶으면 사과와 함께 보관합니다. 아보카도가 후숙된 후에도 계속 실온에 두면 껍질이 점점이 갈색이 되면서 상하기 시작해요. 알맞게 후숙이 되면 밀봉하여 냉장 보관합니다. 후숙되지 않은 채로 냉장 보관하면 부드러워지지 않고 딱딱한 상태로 마르며 상하기 때문에 냉장 보관 전에 후숙하는 것이 좋아요.

• 양배추
양배추는 심이 먼저 썩기 시작해요. 심을 도려내고 냉장 보관하면 오래 보관할 수 있어요.

• 양파
망에 담아 판매하는 양파는 서로 닿아서 무르기 쉬우므로 구매 후 바로 망에서 꺼내 주세요. 바구니에 달걀판을 깔고 꼭지가 아래로 가도록 하나씩 떨어뜨려서 보관합니다.

• 토마토
토마토는 꼭지를 떼고 꼭지 방향이 아래로 가도록 눕혀 서로 붙지 않도록 떨어뜨려 실온 보관해 주세요. 완숙된 후에도 다 먹지 못했다면 깨끗이 씻어 잘라 소분해 냉동 보관합니다. 주스로 만들어 먹거나 해동해 파스타 만들 때 사용하면 좋아요.

• 프레시 허브류
프레시 허브들은 세척 후 젖은 키친타월에 싸서 밀폐용기에 보관해요. 남은 양이 적거나 잎이 구겨지는 게 싫다면 비닐봉지에 약간의 물을 넣고 허브를 넣은 뒤 공기를 빵빵하게 채워 넣은 채로 묶어 냉장 보관하면 구겨지지 않고 상당히 오랫동안 싱싱한 채로 보관할 수 있습니다.

채소 무게
가늠하기

250g

250g

200g

300g

120g

200g

290g

340g

230g

70g

120g

450g

160g

215g

이 책에서는

1 무게 차이가 많이 나는 채소들은 '개' 단위가 아닌 'g' 단위를 썼어요. 채소류는 같은 재료라도 크기에 따라 무게 차이가 큰 것들이 있어요. 양파의 경우 100g 미만부터 아주 큰 것은 500g에 가까울 정도로 개당 차이가 대단히 큽니다. 따라서 'g' 단위를 써서 맛에 편차가 적게 하고자 했어요.

2 1큰술=15㎖, 1작은술=5㎖, 1컵=200㎖ 기준이에요. 절반에 해당되는 분량은 1/2, 1/4 등 분수로 표기했습니다.

3 계량스푼 사용 시 가루 재료는 젓가락으로 윗면을 깎아 계량하고, 비건 마요네즈나 머스터드처럼 크림 타입 재료도 윗면을 깎은 것을 기준으로 계량합니다.

4 레시피 재료 중 ( )표시한 것은 생략 가능합니다.

5 소스류, 양념장이나 드레싱류는 주재료, 부재료 순서가 아닌, 계량스푼을 가급적 닦아 쓰는 횟수를 줄일 수 있는 순서로 표기했습니다. 레시피에 표기된 순서대로 계량하면 보다 편리하실 거에요.
예) 설탕 1큰술 ⋯ 소금 1큰술 ⋯ 다진 마늘 1큰술 ⋯ 식초 1큰술 등

6 메뉴의 영문명은 한식진흥원 한식 메뉴 외국어 표기법을 참고했습니다.
예) 배추 - Chinese Cabbage대신 Baechu
표고 - Shitake 대신 Pyogo
두부 - Tofu 대신 Dubu
유자 - Yuz 대신 Yuja 등

Start

시작하는 요리

Vegan Mayonnaise

비건 마요네즈

달걀 없이도 이렇게 고소하고 깔끔한 맛에 적당한 질감의 마요네즈가 만들어지다니! 처음 비건 마요네즈를 만들어 본 날의 저처럼 신기하고 즐거운 경험을 해 보세요. 비건 마요네즈는 만들어 두면 활용할 수 있는 범위가 넓어 아주 유용해요.

두유 120㎖
소금 1 1/5작은술
식초 1작은술
레몬즙 1작은술
식물성 오일(포도씨유) 180㎖

만들기

1 믹서에 오일을 제외한 재료를 모두 넣고 가볍게 갈아 한 번 섞는다.

2 오일을 조금씩 넣으면서 믹서를 돌려 마요네즈 질감이 되도록 한다.

 오일을 조금씩 넣어야 적은 양으로도 단단한 질감을 만들 수 있어요.

Tip
두유와 오일의 양은 1:1~1:2까지 가능해요. 오일의 양이 많을수록 더 단단해지며, 냉장실에서 5~7일까지 보관이 가능합니다.

Vegan Ricotta Cheese

비건 리코타치즈

리코타치즈는 우유를 끓여서 만드는 게 기본이라 이 레시피를 과연 '리코타치즈'라고 이름 붙일 수 있는지가 저의 고민이었어요. 두유를 끓여서 만드는 레시피도 여러 가지 테스트해 보았지만 두부를 만드는 것 같은 느낌을 지울 수가 없어 아예 다른 방법으로 시도해 보았어요. 리코타치즈처럼 샐러드 토핑이나 샌드위치 스프레드로 활용해도 좋고, 파스타에 곁들여도 잘 어울려요.

캐슈넛 20g
두부(부침용) 100g
물 1큰술
소금 1/4작은술
레몬즙 1 1/2작은술
아가베시럽 1작은술
포도씨유 1작은술
코코넛 쿠킹오일 20g

만들기

1 캐슈넛은 따뜻한 물에 20분 정도 불린다.

2 두부는 키친타월을 여러 겹으로 감싸 물기를 꼭 짠다.
   Tip 두부에 물기가 많으면 치즈가 질어지니 두부를 꼭 짜 주세요.

3 믹서에 불린 캐슈넛과 물 1큰술을 넣고 간다.
   Tip 캐슈넛은 잘 갈리지 않으니 잘 섞어가며 최대한 곱게 갈아 주세요.

4 믹서에 물기를 짠 두부, 소금, 레몬즙, 아가베시럽, 포도씨유를 넣고 곱게 간다.

5 코코넛 쿠킹오일을 전자레인지에 40~50초 정도 녹여 믹서에 붓고 곱게 간다.
   Tip 따뜻하게 데우는 것이 아니라 액체 상태로 만드는 정도로만 녹이면 돼요.

6 랩으로 동그랗게 감싸 묶은 뒤 냉장실에서 3시간 이상 굳혀 완성한다.

이 용량대로 만들면 최종 130g 정도, 어린이 주먹만 한 크기가 나와요. 코코넛 쿠킹오일은 26℃ 이상에서 액체가 돼요. 기온이 높아 이미 액체 상태라면 바로 쓰면 됩니다.

Vegan Feta Cheese

비건 페타치즈

페타치즈는 양젖으로 만드는 시큼하고 진한 맛의 그리스 치즈예요. 이 레시피 역시 부드러우면서도 약
간 시고 짠맛이 난답니다. 이 책에서는 그릭샐러드에 곁들였어요. 새콤한 맛의 드레싱과 잘 어울리니
꼭 그릭샐러드가 아니더라도 다양하게 활용해 보세요.

두부(부침용) 170g
코코넛 쿠킹오일 35g
올리브오일 1큰술
소금 1/2작은술
다진 마늘 1작은술
레몬즙 2작은술
2배 사과식초 2작은술
디종 머스터드 1작은술
드라이 오레가노 1/2작은술

만들기

1 두부는 키친타월로 여러 겹 감싸 물기를 꼭 짠다.
2 코코넛 쿠킹오일은 전자레인지에 40~50초 정도 돌려 액체가 될 정도로만
   녹인다.
3 드라이 오레가노를 제외한 모든 재료를 믹서에 넣어 곱게 간다.
4 드라이 오레가노를 넣어 수저로 섞은 뒤 그릇에 담고 랩을 씌워 냉장실에서
   3시간 이상 굳혀 완성한다.

Vegetable Stock

채소스톡

양식을 만들 때 활용하기 좋은 채소스톡이에요. 저는 보관하기 편한 드라이 허브를 주로 사용하지만
프레시 허브를 사용해도 좋아요. 스톡이 남으면 얼음틀에 얼린 뒤 지퍼백에 넣어 두고 필요할 때마다
조금씩 꺼내 쓰면 편리하답니다.

양파 300g
당근 100g
셀러리 100g
올리브오일 2큰술
화이트와인 80㎖
물 2L
월계수잎 1장
드라이 파슬리 1/2큰술
드라이 타임 1/2큰술

만들기

1 양파, 당근, 셀러리는 2cm 너비로 깍둑 썬다.

2 냄비에 올리브오일 2큰술을 두르고 깍둑 썬 채소를 넣어 양파가 투명해질
때까지 충분히 볶는다.

  Tip 채소를 충분히 볶아야 스톡의 맛이 풍부해져요.

3 화이트와인을 붓고 알코올 향이 날아가도록 볶는다.

4 물을 붓고 월계수잎, 드라이 파슬리, 드라이 타임을 넣어 끓인다.

5 한 번 끓어오르면 중약 불로 줄여 반으로 줄 때까지 졸인 뒤 체에 걸러 완성
한다.

  Tip 더 깨끗한 스톡을 얻고 싶으면 고운 체나 면포를 사용해 걸러 주세요.

Hummus

후무스

아랍어로 '병아리콩'이라는 뜻의 후무스는 중동에서 많이 먹는 음식이에요. 후무스 자체로도 맛있는 요리가 되지만 스프레드나 딥, 소스로도 쓸 수 있어 활용도가 높답니다. 타히니소스(깨소스)를 넣어 고소하게 만드는 게 일반적이지만 타히니소스 없이도 맛있는 레시피를 소개합니다.

삶은 병아리콩 200g
소금 1/4작은술
커민파우더 1/2작은술
다진 마늘 1작은술
레몬즙 1큰술
올리브오일 3큰술
물 또는 채소스톡 3큰술

● **병아리콩 삶기**
병아리콩 100g
소금 1/4큰술

병아리콩 삶는법

1 병아리콩은 씻어 찬물을 넉넉히 붓고 하룻밤(8시간 정도) 불린다.
   Tip 날씨에 따라 불리는 과정 중에 상할 수 있으므로 반드시 찬물을 사용해 주세요.
2 한 번 헹군 뒤 냄비에 불린 병아리콩과 물 2L, 소금 1큰술을 넣고 거품을 걷어내며 35~40분간 삶은 뒤 체에 밭쳐 식힌다.

Tip
병아리콩은 삶은 후 두 배 정도의 무게가 되므로 삶은 병아리콩 200g이 필요하면 100g 정도의 병아리콩을 삶아 주세요. 한 번에 넉넉히 삶아 소분해 냉동해 두고 쓰면 편해요.

Tip
통조림 병아리콩을 사용해도 돼요. 통조림 병아리콩은 간이 되어 있으니 후무스를 만들 때 최종적으로 맛을 보고 소금 첨가여부를 결정해 주세요. 후무스를 더 부드럽게 만들고 싶다면 채소스톡이나 물로 농도를 조절해 주세요.

만들기

1 푸드프로세서에 삶은 병아리콩을 간다.
   Tip 다른 재료를 넣기 전에 병아리콩을 먼저 갈아야 곱게 잘 갈아져요.
2 소금, 커민파우더, 다진 마늘, 레몬즙, 올리브오일, 물 또는 채소스톡을 넣고 곱게 갈아 완성한다.

Braised Lentils

렌틸콩 조림

비건 요리에서 라구소스나 코티지파이 등을 만들 때 렌틸콩이 소고기 대신 활용되는 것을 보고 한식에도 응용해 보면 좋겠다고 생각했어요. 렌틸콩을 삶아 불고기양념에 조리니 다진 소고기볶음처럼 활용하기 좋은 음식이 되었어요. 이 책에는 조린 렌틸콩을 김밥이나 비빔밥에 쓰는 레시피를 소개했는데, 주먹밥이나 덮밥 등 다진 소고기볶음을 쓸 수 있는 곳에 다양하게 활용할 수 있답니다.

렌틸콩 150g
물 450㎖
소금 1 1/2작은술
비정제 설탕 2큰술
다진 마늘 1/2큰술
다진 파 1큰술
간장 3큰술
후추 약간
참기름 1/2작은술

만들기

1 렌틸콩은 씻어 찬물에 소금을 넣고 삶는다.

2 물이 끓기 시작한 뒤 15분~20분 정도 푹 삶는다.

3 렌틸콩 삶은 물을 50㎖ 정도 남기고 비정제 설탕, 다진 마늘, 다진 파, 간장, 후추를 넣어 중약 불에 조린다.

4 물기 없이 조려지면 참기름을 섞어 완성한다.

Tip
렌틸콩은 물에 불리지 않고 바로 삶아도 돼요. 완성된 렌틸콩 조림은 약 350g 정도로 김밥을 8줄~10줄 쌀 수 있는 양이에요.

Salad

샐러드

Potato and Green Bean Salad

딜 그린빈 감자 샐러드

햇감자가 나오는 초여름에 만들어 먹으면 더 맛있는 정말 쉬운 감자 샐러드예요. 저는 딜을 좋아해서 항상 넣지만 딜을 빼고 만들어도 여전히 맛있어요. 아가베시럽의 양은 취향에 맞게 조절하세요. 좀 적게 넣으면 비건 마요네즈와 홀그레인 머스터드의 고소한 맛이 살아나고, 넉넉히 넣으면 쨍한 단맛이 있어 맛있답니다.

〈1접시〉

감자 700g
소금 1/2큰술+약간
그린빈 130g
딜 6g

• 머스터드드레싱

비건 마요네즈(p31 참고) 100g
홀그레인 머스터드 3큰술
아가베시럽 2큰술

만들기

1 감자는 껍질째 깨끗이 씻은 뒤 큼직하게 썰어 찬물 1L에 소금 1/2큰술을 넣고 삶아 식힌다.

2 그린빈은 끓는 물에 소금을 약간 넣고 3분 정도 데쳐 찬물에 헹군 뒤 3~4cm 길이로 썬다.

  Tip 냉동 그린빈도 괜찮아요. 익힌 상태의 냉동 그린빈을 쓸 때는 끓는 물에 잠시 담갔다 찬물에 헹구면 됩니다.

3 딜은 1cm 길이로 썬다.

4 비건 마요네즈, 홀그레인 머스터드, 아가베시럽을 섞어 머스터드드레싱을 만든다.

5 볼에 감자, 그린빈, 딜, 드레싱을 넣고 버무려 완성한다.

Apple Salad with Yuja Dressing
유자드레싱 사과 샐러드

상큼한 샐러드가 먹고 싶을 때 만들어 보세요. 사과, 양파 링, 래디시의 아삭한 식감 때문에 샐러드가 더 신선하고 상큼하게 느껴져요. 로메인 레터스는 속잎이 특히 연하고 고소하니 속잎을 잘 활용해 보세요.

〈1접시〉

사과 1/2개
로메인 레터스 80g
래디시 1/2개
적양파 링 슬라이스 약간
애플민트 5g
삶은 병아리콩(p39 참고) 50g

● 유자드레싱

유자청 3큰술
식초 1큰술
올리브오일(엑스트라버진) 1큰술
드라이 오레가노 1/2작은술
소금 1/2작은술

만들기

1 사과는 씨를 빼고 껍질째 슬라이스한다.
2 로메인 레터스는 씻어 키친타월로 물기를 제거한 뒤 속잎은 썰지 말고 겉잎만 먹기 좋은 크기로 썬다.
3 래디시는 얇게 슬라이스한 뒤 적양파 링과 함께 아삭해지도록 찬물에 담근다.
4 애플민트는 잎만 뗀다.
5 유자드레싱 재료를 모두 섞어 유자드레싱을 만든다.
6 접시에 준비한 재료를 섞어 담고 유자드레싱을 곁들여 완성한다.

Tip

잎채소를 쓰는 샐러드의 경우 드레싱은 먹기 직전에 뿌리거나 버무려야 숨이 죽지 않고 신선하게 즐길 수 있어요.

Mango Salad
망고 샐러드

여름에 냉동실에 쟁여 둔 망고를 아이스크림처럼 하나씩 꺼내 먹다가 샐러드로 만들어 보았답니다. 냉동 망고로 드레싱을 만들면 시원해서 샐러드가 더 상큼하게 느껴져요.

〈1접시〉

냉동망고 100g
아보카도 80g
적양파 50g
방울토마토 150g
캔옥수수 60g

● 망고드레싱

냉동망고 70g
라임즙 1큰술
아가베시럽 2큰술
올리브오일 2큰술
소금 1/8작은술
다진 생강 1/4작은술

● 토핑

고수(잎만 떼어서) 취향껏

만들기

1 망고, 아보카도, 적양파는 1cm 크기로 깍둑 썬다.
2 방울토마토는 4등분한다.
3 옥수수는 체에 밭쳐 물기를 뺀다.
4 믹서나 핸드블렌더로 망고드레싱 재료를 모두 곱게 갈아 냉장실에서 차게 식힌다.
5 손질한 재료와 망고드레싱을 그릇에 담고 고수를 뿌려 완성한다.

플레이팅

1 드레싱과 고수를 제외한 재료를 그릇에 둘러 담는다.
2 노란 망고드레싱을 듬뿍 올린다.
3 위에 취향껏 고수를 뿌려 완성한다.

Barley Salad
지중해식 보리 샐러드

보리나 귀리 같은 곡물은 밥에 넣어 먹는 것에 익숙해서 샐러드로 만드는 게 어색할 수도 있어요. 하지만 톡톡 터지는 식감이 재미있고 고소해 샐러드로 만들어도 맛있답니다. 비건 페타치즈를 넣어도 맛있고, 렌틸콩이나 병아리콩이 있으면 함께 넣어도 좋아요.

〈1접시〉

찰보리 70g
귀리 70g
소금 약간
그린빈 100g
적양파 60g
블랙올리브 30g
방울토마토 6개

● 드레싱

소금 1/2작은술
비정제 설탕 1/2작은술
디종 머스터드 1작은술
레드와인 비니거 2큰술
발사믹 비니거 1큰술
올리브오일(엑스트라버진) 2큰술

● 아보카도크림

아보카도 1개
레몬제스트 1개분량
레몬즙 1개분량
다진 양파 2큰술
다진 마늘 1큰술
물 1/2컵
소금 1/2작은술

● 토핑

이탈리안 파슬리 1줄
통후추 갈아서 약간
올리브 오일(엑스트라 버진) 1큰술

만들기

1 찰보리, 귀리는 씻어 찬물에 소금을 약간 넣고 20분 정도 삶아 찬물에 헹군 뒤 체에 밭쳐 물기를 제거한다.
    Tip 찰보리, 귀리는 미리 불리지 않아도 됩니다. 두 곡물이 익는 시간이 비슷하므로 함께 삶아도 되고 찰보리 대신 보리를 써도 돼요.

2 그린빈은 끓는 물에 소금을 약간 넣고 데쳐 찬물에 헹궈 물기를 제거한 뒤 1cm 길이로 썬다.
    Tip 체에 밭쳐 두어도 되고 키친타월로 물기를 가볍게 닦아도 좋아요. 물기는 꼭 제거해 주세요.

3 적양파와 블랙올리브도 잘게 썬다.

4 준비한 재료를 모두 볼에 담고 드레싱 재료를 모두 섞어 버무린 뒤 냉장실에
  30분 이상 둔다.
5 믹서에 아보카도크림 재료를 모두 넣고 갈아 아보카도 크림을 만든다.
6 방울토마토는 2등분한다.
7 이탈리안 파슬리는 잎만 떼어 낸다.
8 접시 가운데 아보카도크림을 깔고 준비한 재료를 올려 완성한다.

Tip
파프리카나 맵지 않은 고추를 잘게
썰어 넣어도 잘 어울려요.

플레이팅

1 넓은 접시에 아보카도크림을 깔고 샐러드를 담은 뒤 방울토마토를 잘 보이게
  올린다.

2 올리브오일을 뿌린다.

3 통후추를 갈아 뿌리고 이탈리안 파슬리를 올려 완성한다.

Vermicelli Noodle Salad
버미셀리 샐러드

〈1접시〉

두부 250g
소금 약간
셀러리 70g
적양파 70g
방울토마토 200g
버미셀리 40g
식용유 3~4큰술

● **드레싱**

비정제 설탕 3큰술
다진 마늘 1큰술
라임즙 4큰술
간장 2큰술
스리라차소스 1큰술
다진 생강 1작은술
참기름 1큰술

● **토핑**

땅콩 30g
고수 취향껏
홍고추 1/2개

Prep.

1 두부는 소금을 약간 뿌린 뒤 10분 정도 두었다가 키친타월로 감싸 물기를 빼고 2cm 길이로 깍둑 썬다.

2 땅콩은 마른 팬에 노릇하게 볶아 큼직하게 다진다.

3 셀러리는 질긴 껍질을 제거하고 어슷 썬다.

4 적양파는 채 썬다.

5 고수는 씻어 물기를 제거한 뒤 2~3cm 길이로 썬다.

6 홍고추는 동글게 슬라이스한다.

7 방울토마토는 2등분한다.

얌운센과 닮은 샐러드지만 피시소스가 들어가지 않아요. 버미셀리는 삶은 뒤 물기를 꼭 짜야 샐러드가 싱거워지지 않는답니다. 땅콩을 곱게 다지면 더 고소해지고 크게 부수면 보기에 깔끔해요.

만들기

1 두부는 팬에 식용유를 3~4큰술 정도 넉넉히 두르고 튀기듯 구워 키친타월에
  받쳐 기름기를 뺀다.
  Tip 사용하는 팬의 크기에 따라 식용유의 양이 달라질 수 있어요. 팬을 기울여
  잡고 튀기면 기름의 양을 줄일 수 있어요.

2 버미셀리는 패키지 안내대로 삶아 찬물에 헹군 뒤 물기를 꼭 짠다.

3 참기름을 제외한 드레싱 재료를 모두 섞어 드레싱을 만든다.

4 볼에 버미셀리, 튀긴 두부, 방울토마토, 셀러리, 적양파를 담고 드레싱으로
  버무린 뒤 마지막에 참기름을 넣어 한 번 더 가볍게 버무린다.

5 그릇에 담고 다진 땅콩, 고수, 홍고추를 뿌려 완성한다.

플레이팅

1 그릇에 버무린 샐러드를 담는다.

2 땅콩을 뿌린다.

3 고수를 뿌린다.

4 홍고추를 뿌려 완성한다.

Julienne Salad with Yuja Mayo Dressing

유자마요드레싱 줄리엔 샐러드

프랑스 조리용어로 길게 채 써는 방법을 줄리엔(Julienne)이라고 해요. 우리말로 치면 '채 썰기'인 셈이죠. 사과, 당근, 적양파, 셀러리 모두 '줄리엔' 해주세요. 예쁜 서양이름을 붙였지만 왠지 젓가락으로 먹으면 편할 것 같은 샐러드입니다.

〈1접시〉

사과 1/2개
당근 30g
적양파 40g
셀러리대 30g
셀러리잎 5g
통후추 갈아서 약간

● 유자마요드레싱

유자청 1큰술
레몬즙 1/2큰술
미소된장 1큰술
비건 마요네즈(p31 참고) 3큰술
소금 1/4작은술

만들기

1 사과는 껍질째 길게 채 썬다.
2 당근, 적양파도 길게 채 썬다.
3 셀러리대는 겉의 질긴 껍질을 벗겨내고 길게 채 썬다.
4 셀러리잎도 채 썬다.
5 유자마요드레싱 재료를 모두 섞어 드레싱을 만든다.
6 셀러리잎을 제외한 모든 손질한 재료와 드레싱을 섞는다.
7 접시에 담고 셀러리잎과 통후추를 뿌려 완성한다.

Lemon Dressing Potato Salad

쪽파레몬드레싱 감자 샐러드

딜 그린빈 감자 샐러드에 버금가게 쉬우면서도 맛있는 샐러드예요. 차이브라는 허브의 대체재로 쪽파
를 사용했지만 쪽파의 약한 매운맛이 잘 어울려 오히려 더 나은 레시피가 되었답니다. 감자가 한 김 식
으면 바로 드레싱에 버무려 따뜻할 때 먹으면 더 맛있어요.

〈1접시〉

감자 700g
소금 1/2큰술
통후추 약간

● 쪽파레몬드레싱

쪽파(푸른 부분만) 8g
딜 5g
비정제 설탕 1큰술
레몬 1개: 레몬제스트 1큰술, 레몬즙 2큰술
디종 머스터드 2큰술
올리브오일(엑스트라버진) 3큰술
다진 마늘 1작은술

만들기

1 감자는 껍질을 벗기고 큼직하게 썬 뒤 찬물 1L에 소금을 넣고 삶아 한 김
   식힌다.
2 쪽파는 송송 썰고, 딜은 1cm 길이로 썬다.
3 레몬은 껍질을 필러로 벗긴 뒤 흰 부분을 저며 내고 노란 부분만 가늘고 짧게
   채 썰어 레몬제스트를 만들고 과육은 즙을 짠다.
   Tip 레몬은 베이킹소다에 문질러 씻고 뜨거운 물에 20초 정도 데친 뒤 흐르는
   물에 헹궈 사용하세요.
4 쪽파와 딜을 제외한 모든 재료를 섞어 레몬드레싱을 만든다.
5 한 김 식은 감자에 드레싱, 쪽파, 딜을 넣고 버무린 뒤 통후추를 갈아 뿌려
   완성한다.

Cobb Salad

콥 샐러드

〈1접시〉

감자 150g
소금 약간
양송이버섯 10개
올리브오일 1/2큰술
로메인 레터스 40g
노란 파프리카 60g
적양파 50g
아보카도 1개
방울토마토 250g
삶은 병아리콩(p39 참고) 100g
(장식용 허브나 채소잎) 약간

● 비건 렌치드레싱

비정제 설탕 2작은술
소금 1/4작은술
양파파우더 1작은술
드라이 파슬리 2작은술
다진 마늘 1작은술
화이트와인 비니거 2작은술
디종 머스터드 2작은술
두유 2큰술
비건 마요네즈(p31 참고) 160g

만들기

1 감자는 껍질을 벗기고 깍둑 썰어 찬물에 소금을 약간 넣고 삶은 뒤 건져 식힌다.

2 양송이버섯은 젖은 행주나 키친타월로 겉면을 닦아 손질한 뒤 크기에 따라 4등분하거나 도톰하게 슬라이스하고 올리브오일을 1/2큰술 두른 팬에 볶아 소금으로 간한다.

3 로메인 레터스는 씻어 키친타월로 물기를 제거한 뒤 2cm 너비로 썬다.

콥 샐러드는 콥(Cobb)이라는 셰프가 만든 샐러드예요. 레스토랑에서 남은 재료를 깍둑 썰어서 그릇에 줄줄이 담고 마요네즈 베이스의 드레싱을 곁들여 만들었다고 하는데요. 그래서인지 내용물의 종류와 조합이 다양하고 매우 캐주얼한 느낌의 샐러드예요. 오이나 올리브 등 좋아하는 재료들을 가감해 만들어 보세요.

4 노란 파프리카는 꼭지와 씨, 하얀 심부분을 제거한 뒤 깍둑 썬다.

5 적양파는 1cm 크기로 깍둑 썬다.

6 아보카도는 1cm 크기로 깍둑 썬다.

7 방울토마토는 2등분한다.

8 비건 렌치드레싱 재료를 모두 섞어 드레싱을 만든다.

9 그릇에 로메인 레터스를 깔고 각각의 재료를 담는다.

10 허브나 채소잎으로 장식하고 비건 렌치드레싱을 곁들여 완성한다.

플레이팅

1 그릇에 로메인 레터스를 펴 담는다.

2 방울토마토를 군데군데 올린다.

3 감자, 아보카도, 양송이버섯을 담는다.

4 노란 파프리카, 적양파, 삶은 병아리콩을 빈 공간에 담고 허브로 장식한 뒤
　드레싱을 곁들여 완성한다.

Quinoa Dill Salad

퀴노아 딜 샐러드

〈1접시〉

퀴노아 40g
소금 약간
오이 120g
양파 60g
노란 파프리카 90g
블랙올리브 50g
그린올리브 70g
방울토마토 300g
딜 10g
케이퍼 1 1/2큰술

● 비니그레트 드레싱

비정제 설탕 2큰술
다진 마늘 1큰술
화이트와인 비니거 2큰술
소금 1작은술
올리브오일(엑스트라버진) 3큰술

퀴노아는 단백질 함량이 높고 각종 영양성분이 풍부하게 들어 있어 슈퍼 푸드로 각광받는 곡물이에요. 다이어트를 하는 분들이라면 퀴노아를 좀 더 넉넉하게 넣어 도시락으로 드셔도 좋아요. 포만감이 있어 한 끼 식사로도 충분하답니다. 퀴노아는 맛도 있지만 불릴 필요 없이 바로 삶아 사용할 수 있고 미리 삶아서 냉장실에 두어도 거의 불지 않아 편리합니다.

만들기

1 퀴노아는 끓는 물에 소금을 약간 넣고 10분 정도 삶아 찬물에 헹군 뒤 물기를 뺀다.

2 오이는 씨를 제거하고 깍둑 썬다.

3 양파는 잘게 깍둑 썬다.

4 노란 파프리카는 꼭지, 씨, 하얀 심부분을 제거하고 깍둑 썬다.

5 블랙올리브, 그린올리브는 슬라이스한다.

6 방울토마토는 크기에 따라 2등분 또는 4등분한다.

7 딜은 1cm 길이로 썬다.

8 비니그레트 드레싱 재료를 섞어 드레싱을 만든다.

   Tip 올리브오일을 제외한 재료들을 먼저 섞고 올리브오일을 마지막에 넣어 섞으면 설탕, 소금이 더 잘 녹아요.

9 딜을 제외한 모든 재료를 드레싱으로 버무려 그릇에 담은 뒤 딜을 올려 완성한다.

플레이팅

1 샐러드를 그릇에 담고 방울토마토를 잘 보이게 배치한다.
2 딜을 한곳에 모아 위에 올린다.

1인 플레이팅

1 샐러드를 소량 접시 중앙에 모아 담고 올리브오일을
    동그랗게 뿌리고 딜은 흩뿌린다.
2 잘 구운 통밀빵 한 조각을 곁들여 완성한다.

Feta Cheese Greek Salad

페타치즈 그릭 샐러드

〈1접시〉
작은 토마토 2개
오이 100g
적양파 30g
루꼴라 30g
삶은 병아리콩 70g
블랙올리브 40g
비건 페타치즈(p35 참고) 1/2컵
이탈리안 파슬리 약간

● 드레싱
디종 머스터드 1/2큰술
화이트와인 비니거 2큰술
올리브오일(엑스트라버진) 3큰술
소금 1/8작은술
비정제 설탕 2작은술
아가베시럽 2작은술

지중해의 햇빛을 떠올리게 하는 보석 같은 재료들로 만드는 그릭 샐러드입니다. 토마토가 맛있는 여름에 만들면 더욱 좋아요. 햇빛에 잘 익은 완숙 토마토를 사용하되 써는 과정에서 나오는 토마토즙과 씨는 흘려보내 주세요. 저는 적양파를 잘게 썰어 넣었는데, 적양파는 아린 맛이 별로 없으니 큼직하게 썰어도 좋아요.

만들기

1 토마토는 큼직하게 깍둑 썬다.

2 오이는 씨를 제거하고 깍둑 썬다.

3 적양파는 잘게 썬다.

4 루꼴라는 5cm 길이로 썬다.

5 드레싱 재료를 섞어 드레싱을 만든다.

6 페타치즈, 이탈리안 파슬리를 제외한 재료와 드레싱을 섞어 버무린다.

7 샐러드를 접시에 담고 페타치즈, 이탈리안 파슬리를 올려 완성한다.

플레이팅

1 샐러드를 그릇에 담는다.
2 페타치즈를 숟가락으로 뚝뚝 떼어 군데군데 담고 이탈리
   안 파슬리를 얹어 완성한다.

1인 플레이팅

1 샐러드를 소량 1인 접시에 둥글게 담고 페타치즈를 굵게
   떼어 담는다.
2 이탈리안 파슬리를 페타치즈 위에 올린 뒤 올리브오일
   과 통후추를 뿌려 완성한다.

Tteok Salad with Sweet Potato and Lotus Root
고구마 연근 떡 샐러드

가을, 겨울에 먹기 좋은 메뉴입니다. 노릇하게 구운 떡은 한 김 식혀서 버무려 주세요. 아삭한 연근과
쫄깃한 떡, 부드러운 고구마 등 다양한 식감이 한접시에 담겨 꼭꼭 씹어 먹는 재미가 있어요.

〈1접시〉

떡볶이떡 400g
연근 80g
고구마 180g
건대추 5개
소금 약간
식용유 1큰술

● 드레싱
설탕 3큰술
곱게 간 깨 3큰술(참깨, 들깨, 땅콩가루
모두 가능)
식초 3큰술
비건 마요네즈 4큰술
소금 1/8작은술

● 토핑
잣 1큰술

Prep.

1 떡볶이떡은 세로로 반 가르고, 연근은 껍질을 벗기고 슬라이스한 뒤 반으로
  자른다.
2 고구마는 껍질을 벗기고 떡 굵기로 썰고, 건대추씨는 씨를 빼 채 썰고, 잣은
  마른 팬에 볶은 뒤 곱게 다진다.

만들기

1 끓는 물에 고구마, 연근과 소금 약간을 넣고 끓여 연근이 아삭하게 익으면
  꺼내고 고구마는 다 익힌 뒤 건진다.
2 팬에 식용유를 1큰술 두르고 떡을 굽듯이 돌려가며 노릇하게 익힌다.
3 큰 볼에 드레싱 재료를 모두 넣고 섞어 드레싱을 만든다.
4 떡이 한 김 식으면 드레싱에 고구마, 연근, 떡을 넣고 고루 버무린다.
5 접시에 담고 건대추를 얹은 뒤 다진 잣을 뿌려 완성한다.

Pasta Salad with Lemon Dressing

레몬드레싱 파스타 샐러드

〈1접시〉

오레키에테 80g
물 500㎖, 소금 1/2큰술

올리브오일 약간
그린빈 100g
완두콩 80g
적양파 60g
노란 파프리카 1개
노란 방울토마토 8개
딜 3g

● 레몬드레싱

소금 1/2작은술
다진 마늘 1작은술
디종 머스터드 1작은술
레몬즙 2 1/2큰술
아가베시럽 2큰술
올리브오일(엑스트라버진) 5큰술

● 토핑

레몬제스트 레몬 1/2개 분량

Prep.

1 레몬은 필러로 껍질을 벗겨 흰 부분을 저며 내고 가늘고 짧게 채 썰어 레몬 제스트를 만든다.

  Tip 레몬은 베이킹소다로 문질러 닦은 뒤 끓는 물에 데쳐 흐르는 물에 헹궈 씻어 주세요.

2 레몬 과육은 짜서 즙을 내 레몬드레싱 재료로 준비한다.

레몬즙을 듬뿍 넣은 드레싱이 상큼한, 봄 같은 샐러드입니다. 레몬제스트는 제스터로 갈아서 만들어도 좋지만 저는 가늘게 채 썰어 쓰는 걸 더 좋아해요. 씹을 때의 향이 좋기도 하고 채 썬 노란 껍질을 고루 뿌리면 샐러드가 반짝반짝 빛나는 것 같거든요.

만들기

1 냄비에 물 500㎖, 소금 1/2큰술을 넣고 끓으면 오레키에테를 넣고 포장지
   안내대로 삶은 뒤 체에 밭쳐 올리브오일에 살짝 버무린다.

2 그린빈과 완두콩은 각각 끓는 물에 소금을 넣고 데쳐 찬물에 헹군 뒤 그린빈
   은 2cm 길이로 썰고 키친타월로 물기를 제거한다.
   Tip 헹군 뒤 물기를 잘 제거해야 샐러드가 싱거워지지 않아요. 그린빈과 완두
   콩은 냉동을 써도 됩니다.

3 적양파는 잘게 다진다.

4 노란 파프리카는 꼭지와 씨, 흰심지를 제거하고 1~2cm 크기로 깍둑 썬다.

5 노란 방울토마토는 4등분한다.

6 딜은 1cm 길이로 썬다.

7 레몬드레싱 재료를 모두 섞어 레몬드레싱을 만든다.
   Tip 드레싱을 섞을 때는 디종 머스터드와 소금을 레몬즙에 섞어 먼저 녹인 뒤
   오일은 나중에 넣어야 잘 섞여요.

8 준비된 재료에 드레싱을 넣고 고루 버무린 뒤 그릇에 담고 레몬제스트를
   뿌려 완성한다.

Pasta & Gnocchi

파스타 & 뇨끼

Pasta with Chamnamul Lemon Pesto
참나물 페스토 레몬 파스타

〈2인분〉
파스타(카사레치아) 160g
물 1 1/2L, 소금 1 1/2큰술

● **참나물 페스토**
마늘 90g
올리브오일 1큰술
참나물 50g
올리브오일(엑스트라버진) 3큰술
소금 1/4작은술

● **토핑**
레몬제스트 레몬 1/2개 분량
캐슈넛 5개
참나물 1~2줄
올리브오일(엑스트라버진) 2큰술
통후추 간 것 약간

Prep.

1 마늘은 납작하게 썰고. 레몬은 반만 필러로 껍질을 벗긴 뒤 하얀 부분은 저며 내고 가늘고 짧게 채 썰어 레몬제스트를 1작은술 준비한다.
2 참나물은 씻어 키친타월로 물기를 제거한다.

저는 카사레치아를 썼지만 원하는 종류의 쇼트파스타를 쓰면 돼요. 마늘을 구우면 아린 맛이 사라지고 자극적인 마늘향 대신 은은한 단맛이 올라오죠. 여기에 참나물을 넣어 함께 갈고 레몬제스트로 향을 더했어요. 어쩌면 조금 생소한 조합이지만 조화로운 맛에 고개를 끄덕이게 된답니다.

"

만들기

1 팬에 올리브오일을 1큰술 두르고 마늘을 넣어 중약 불에 노릇하게 굽는다.

2 참나물을 썰어 올리브오일(엑스트라버진) 3큰술을 넣고 믹서에 간다.

3 구운 마늘. 소금 1/4작은술을 넣고 다시 곱게 갈아 참나물 페스토를 만든다.

4 냄비에 물 1 1/2L, 소금 1 1/2큰술을 넣고 끓으면 카사레치아를 넣고 포장지 안내대로 취향에 따라 알덴테나 꼬뚜라로 삶는다.

5 팬에 참나물 페스토와 카사레치아를 넣어 고루 섞이도록 한 번 볶은 후 통후추를 갈아 뿌린다.

6 그릇에 파스타를 담고 레몬제스트와 캐슈넛을 갈아 뿌려 완성한다.

플레이팅

1 파스타 볼에 참나물 페스토에 버무린 카사레치아를 담는다.

2 올리브오일을 두르고 캐슈넛을 갈아 뿌린다.

3 레몬제스트를 뿌린다.

4 참나물과 레몬을 얹어 완성한다.

Vegan

Gnocchi in Spinach Cream Sauce

시금치 크림 뇨끼

〈2인분〉

뇨끼 300g
소금 약간
올리브오일 1큰술

● 시금치 크림소스

캐슈넛 40g
데이츠 1개
시금치 100g
올리브오일 1큰술
크러시드 레드페퍼 1/4작은술
채소스톡 150~200㎖

● 토핑

올리브오일 1큰술
크러시드 레드페퍼 약간
한련화잎 5~6장
쳐빌 약간

Prep.

1 캐슈넛은 따뜻한 물에 20분 정도 불린다.
2 데이츠도 따뜻한 물에 살짝 불린다.
3 시금치는 꼭지를 떼고 씻어 물기를 없앤다.

이 소스에는 밀가루 함량이 높은 쫄깃한 뇨끼가 잘 어울려요. 녹색의 시금치 소스와 동그란 한련화잎이 조화를 이루어 연잎이 뜬 연못 같은 느낌을 준답니다. 뇨끼는 올리브오일에 노릇하게 구워야 더 맛있고 보기에도 좋아요.

"

만들기

1 시금치는 팬에 올리브오일을 1큰술 두르고 숨이 완전히 죽도록 볶아 한 김
  식힌다.

2 믹서에 볶은 시금치와 불린 캐슈넛, 불린 데이츠, 크러시드 레드페퍼를 넣고
  채소스톡을 넣어가며 곱게 간다.
  Tip 채소스톡은 다 넣지 말고 조금 남겨 두세요.

3 팬에 옮겨 남은 채소스톡을 조금씩 넣어 가며 중약 불에 익혀 농도를 낸 후
  맛을 보고 소금으로 간한다.
  Tip 시금치는 이미 모두 익은 상태지만 팬에서 가열하여 농도를 내면 맛이 더
  잘 어우러지고 시금치 풋내도 사라져요.

4 끓는 물에 소금을 약간 넣고 뇨끼를 익혀 건진다.

5 팬에 올리브오일을 1큰술 두르고 뇨끼를 넣어 센 불에 노릇하게 굽는다.

6 그릇에 시금치 크림소스를 담고 뇨끼를 얹은 뒤 토핑으로 장식해 완성한다.

플레이팅

1 접시에 시금치 크림소스를 넓게 깐다.
2 시금치 크림소스 위에 뇨끼를 길게 얹는다.
3 올리브오일과 크러시드 레드페퍼를 뿌린다.
4 한련화잎과 쳐빌을 얹어 완성한다.

Rigatoni in Mushroom Cream Sauce
버섯 크림 리가토니

〈2인분〉

파스타(리가토니) 160g
물 1 1/2L, 소금 1 1/2큰술
표고버섯 6개
올리브오일 약간

● **크림소스**

캐슈넛 100g
두유 380~400㎖
다진 양파 150g
다진 마늘 1작은술
소금 1/2작은술
레몬즙 2작은술
올리브오일 1큰술

● **토핑**

호두 10g
와일드 루꼴라 10~15g
올리브오일(엑스트라 버진) 2큰술
소금, 통후추 갈아서 약간

Prep.

1 캐슈넛은 따뜻한 물에 20분 이상 불린다.
2 표고버섯은 기둥을 떼고 슬라이스한다.
   Tip 너무 얇게 슬라이스하면 완성된 모양새가 좋지 않으니 도톰하게 썰어요.
3 호두는 손으로 부수거나 칼로 굵게 다진다.
4 와일드 루꼴라는 씻어 키친타월로 물기를 제거한다.

생크림 없이 만드는 크림소스예요. 두유와 캐슈넛으로 고소한 맛을 내고 양파를 오래 볶아 감칠맛을
췄답니다. 소화가 잘돼 크림소스를 부담스러워하는 분들에게도 좋아요.

만들기

1 냄비에 물 1 1/2L를 넣고 끓으면 리가토니와 소금 1 1/2큰술을 넣고 취향에 따라 알덴테나 꼬뚜라로 삶는다.

2 올리브오일을 팬에 바르듯 약간만 두르고 센 불에 표고버섯을 구워 덜어 둔다.

3 팬에 올리브오일을 1큰술 두르고 중간 불에 다진 양파, 다진 마늘을 넣어 양파가 연한 갈색이 나도록 오래 볶아 한 김 식힌다.

4 믹서에 불린 캐슈넛을 넣고 두유를 3~4큰술 넣어 곱게 간다.

5 볶은 양파, 소금, 나머지 두유를 넣고 곱게 갈아 크림소스를 만든다.

6 소스를 팬으로 옮겨 데운 뒤 레몬즙을 섞고 삶은 리가토니를 넣어 버무린다.

7 구운 표고버섯을 넣어 섞은 뒤 두 그릇에 나눠 담고 토핑을 얹어 완성한다.

> *Tip*
>
> 소스는 미리 만들어 냉장 보관했다 다음날 사용해도 좋아요. 양파, 마늘을 충분히 오래 볶는 것이 맛을 올리는 중요한 포인트예요. 영양효모(뉴트리셔널 이스트)를 1큰술 넣으면 보다 진한 맛을 즐길 수 있답니다. 두유는 한 팩에 보통 190㎖~200㎖ 용량이므로 2팩 사용하면 돼요.

플레이팅

1 접시에 리가토니를 담는다.

2 섞여 있는 표고버섯을 잘 보이도록 위에 올린다.

3 올리브오일을 1큰술 뿌리고 다진 호두, 통후추를 뿌린다.

4 와일드 루꼴라를 얹어 완성한다.

Rigatoni in Pumpkin and Coconut Sauce

단호박 코코넛소스 리가토니

〈2인분〉

파스타(리가토니) 160g
물 1 1/2L, 소금 1 1/2큰술

● **단호박소스**
단호박 200g
캐슈넛 20g
양파 70g
채소스톡 200㎖
오트밀크 50㎖
소금 1/4작은술
영양효모(뉴트리셔널 이스트) 3큰술

● **루꼴라오일**
루꼴라 15g
올리브오일(엑스트라버진) 3큰술

● **코코넛거품**
코코넛밀크 50㎖
오트밀크(바리스타용, 또는 두유) 50㎖

● **토핑**
완두콩 3큰술
소금 약간
통후추 갈아서 약간

Prep.

1 단호박은 씨를 빼고 찜기나 전자레인지에 쪄 식힌 뒤 껍질을 벗긴다.

2 캐슈넛은 따뜻한 물에 20분간 불린다.

3 양파는 채 썬다.

단호박은 맛도 있지만 색이 너무 예뻐서 이런저런 시도를 해보고 싶게 만드는 식재료예요. 부드러운 노란색 크림을 만들어 녹색 오일을 두르고 하얀 코코넛밀크 거품을 얹으면 음식을 담는 게 아니라 그림을 그리는 느낌이 든답니다. 평소 같으면 뭔가 크런치한 식감을 주고 싶다고 생각했을 텐데 이 메뉴엔 그냥 노란 단호박의 부드러움만 살리고 싶어 바삭한 재료들은 넣지 않았어요.

만들기

1 루꼴라와 올리브오일을 함께 믹서에 갈아 면포나 고운 체에 걸러 루꼴라오일을 만든다.

2 완두콩은 끓는 물에 소금을 약간 넣고 5분간 삶아 익힌다.

    Tip 냉동 완두콩도 좋아요. 이미 익혀 냉동시킨 완두콩의 경우 끓는 물에 잠깐 데쳐서 사용하시면 돼요.

3 냄비에 물 1 1/2L를 넣고 끓으면 리가토니와 소금 1 1/2큰술을 넣고 취향에 따라 알덴테나 꼬뚜라로 삶은 뒤 올리브오일 1큰술에 살짝 버무린다.

4 양파는 팬에 올리브오일 1큰술을 두르고 중약 불에 양파가 투명해지도록 볶아 한 김 식힌다.

5 믹서에 찐 단호박, 불린 캐슈넛, 볶은 양파, 채소스톡, 오트밀크, 소금, 영양효모를 넣고 곱게 갈아 단호박소스를 만든다.

6 팬에 소스를 옮겨 다시 한 번 끓여 농도를 맞춘다.

7 코코넛밀크와 오트밀크를 컵에 넣고 전자레인지로 데운 뒤 우유거품기로 거품을 낸다.

    Tip 코코넛밀크 때문에 오트밀크(바리스타용)나 두유만 쓴 것처럼 거품이 풍성히 나지는 않아요.

8 접시에 루꼴라오일을 뿌리고 준비한 요리를 담아 완성한다.

오트밀크는 제품에 따라 거품이 잘 나지 않을 수 있으니 바리스타용으로 준비해 주세요. 바리스타용은 라테를 만들어 마시기도 좋지만 일반 오트밀크처럼 요리에 사용해도 좋답니다.

플레이팅

1 접시에 루꼴라오일을 가장자리 쪽으로 넓게 뿌린다.

2 리가토니를 가운데 소복이 담는다.

3 단호박소스를 고루 뿌린다.

4 코코넛밀크 거품을 얹고 완두콩을 뿌린 뒤 통후추를 갈아 뿌려 완성한다.

Lentil Ragu Fettuccine
렌틸콩 라구 페투치네

〈2인분〉
파스타(페투치네) 160g
물 1 1/2L, 소금 1 1/2큰술

가지 1개
올리브오일 1/2큰술
소금 약간

• 렌틸콩 토마토 라구
거피 렌틸콩 90g
물 500㎖
소금 1/2작은술
올리브오일 1큰술
다진 마늘 1작은술
양파 80g
당근 25g
셀러리 25g
새송이버섯 40g
화이트와인 25㎖
홀토마토 400g
월계수잎 2장
드라이 오레가노 1/2큰술
소금 약간

• 토핑
비건 리코타치즈(p33 참고) 1/2컵
올리브오일(엑스트라버진) 1큰술
통후추 갈아서 약간
이탈리안 파슬리 약간

Prep.

1 거피 렌틸콩은 씻어 물 500㎖, 소금 1/2작은술을 넣고 10분 정도 부드럽게 삶아 체에 밭치고, 삶은 물은 버리지 않고 따로 둔다.
2 가지는 반으로 갈라 길쭉하게 어슷 썬다.
3 양파, 당근, 셀러리, 새송이버섯은 잘게 다진다.
4 이탈리안 파슬리는 잎만 떼어 둔다.

양파, 당근, 셀러리, 새송이버섯, 렌틸콩 등 건강한 채소들로 만든 토마토소스예요. 기름기가 없어 윤기가 흐르는 소스는 아니지만 맛은 동물성 라구 못지않답니다. 일반 렌틸콩으로 만들어도 되지만 거피 렌틸콩으로 만들면 껍질이 분리되어 생기는 까끌한 식감이 없어 저는 거피된 것을 선호해요.

만들기

1 어슷 썬 가지는 팬에 올리브오일을 1/2큰술 두르고 소금을 뿌려 구워 덜어 둔다.

2 팬에 올리브오일 1큰술을 두르고 다진 마늘을 살짝 볶은 뒤 양파, 당근, 셀러 리, 새송이버섯을 넣고 양파가 투명해질 때까지 충분히 볶는다.

3 화이트와인을 넣어 알코올을 날린 뒤 삶은 렌틸콩과 홀토마토를 넣는다.

4 렌틸콩 삶은 물을 넣고 월계수잎, 오레가노, 홀토마토를 넣어 주걱으로 으깨며 걸쭉해지도록 조린 뒤 취향껏 소금으로 간해 렌틸콩 토마토 라구를 만든다.

5 냄비에 물 1 1/2L를 넣고 끓으면 페투치네와 소금 1 1/2큰술을 넣고 삶는다.

   Tip 포장지에 알덴테로 익히는 시간이 표시되어 있을거예요. 나중에 라구에 맛이 배도록 더 익힐 거기 때문에 알덴테 상태보다 2분 정도 덜 삶아 주세요.

6 삶은 페투치네를 렌틸콩 토마토 라구에 넣고 마저 익힌 뒤 구운 가지를 넣고 가볍게 섞는다.

7 접시에 담고 비건 리코타치즈를 얹은 뒤 올리브오일, 통후추를 뿌리고 이탈리 안 파슬리를 뿌려 완성한다.

Tip 거피 렌틸콩이 없으면 일반 렌틸콩을 사용해도 괜찮아요. 일반 렌틸콩은 15분 정도 삶고, 좀 더 진한 맛을 내 고 싶으면 영양효모(뉴트리셔널 이스 트)를 1큰술 넣어 주세요.
렌틸콩을 삶은 뒤 물속에 그대로 두 면 렌틸콩이 싱거워지니 바로 체에 밭쳐 주세요.

플레이팅

1 긴 집게나 젓가락, 파스타 집게 등을 이용해 면을 길게 말아 접시 한쪽에
   담는다.
2 길게 말아 담은 파스타 옆으로 소스를 담는다.
3 접시 한쪽 끝에 리코타치즈를 바르듯 올린다.
4 올리브유를 뿌린 뒤 이탈리안 파슬리 잎을 뿌려 완성한다.

Gnocchi in Cashew Nut Cream Sauce

캐슈넛 크림소스 뇨끼

〈2인분〉

● **뇨끼**
감자 250g
소금 1/2작은술
올리브오일(엑스트라버진) 1큰술
통밀가루 50g
덧가루 약간
올리브오일 1큰술

● **크림소스**
두유 1컵
캐슈넛 50g
올리브오일 1큰술
양파 70g
다진 마늘 1/2작은술
소금 1/4작은술
레몬즙 1작은술

● **파슬리오일**
이탈리안 파슬리 8g
올리브오일 3큰술

● **토핑**
칠리파우더 약간
허브(처빌) 약간

Prep.

1 캐슈넛은 따뜻한 물에 20분 이상 불린다.
2 양파는 다진다.

직접 만드는 뇨끼는 감자 함량을 조절할 수 있어 좋아요. 시판용은 아무래도 홈메이드만큼 부드럽기는
어렵죠. 쫄깃한 식감을 즐기고 싶다면 밀가루 함량을 좀 더 높여 보세요. 이 뇨끼를 친구에게 만들어 줬
더니 동그랗게 담은 모양새와 녹색, 빨간색의 데코를 보고 크리스마스 뇨끼라고 이름을 붙여 줬어요.

만들기

1 이탈리안 파슬리와 올리브오일을 믹서에 갈아 파슬리오일을 만든다.

2 감자는 껍질째 찜기에 쪄 뜨거울 때 껍질을 벗기고 으깨가며 체에 내린다.

3 도마 위에 체에 내린 감자를 펼치고 수분을 날린다.

4 감자에 소금, 올리브오일(엑스트라버진), 통밀가루를 넣고 스크래퍼로 접어가
  며 반죽한다.

  Tip 가루는 우선 반만 넣고 질면 조금씩 더 넣으면서 반죽해 주세요.

5 한 덩어리로 빚어 길게 만든 뒤 칼로 썰어 둥글납작하게 만든다.

6 팬에 올리브오일 1큰술을 두르고 다진 양파, 다진 마늘을 양파가 투명해질
  때까지 볶아 한 김 식힌다.

7 믹서에 불린 캐슈넛과 두유를 3~4큰술 넣고 곱게 간다.

8 볶은 양파, 남은 두유, 소금을 믹서에 곱게 간 뒤 팬으로 옮겨 농도가 날 때까
  지 가열하고 레몬즙을 섞어 크림소스를 만든다.

9 끓는 물에 뇨끼를 넣고 떠오르면 건져낸다.

10 팬에 올리브오일 1큰술을 두르고 센 불에 뇨끼를 노릇하게 굽는다.

11 접시에 크림소스를 깔고 파슬리오일, 칠리파우더를 뿌린 뒤 구운 뇨끼를 얹어
   완성한다.

 감자는 이미 익은 상태이기 때문에
뇨끼는 오래 삶지 않고 떠오르는 듯
하면 바로 건지면 됩니다. 통밀가루
50g을 모두 넣으면 쫀득한 식감의
뇨끼가 되고 반만 넣으면 부드러운
식감이 되니 원하는 대로 조절해 만
들어 보세요.

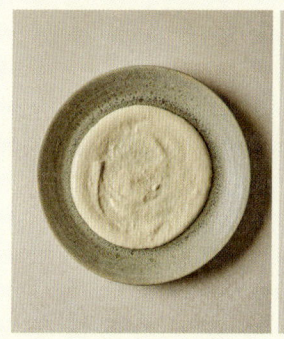

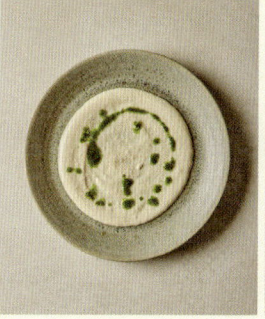

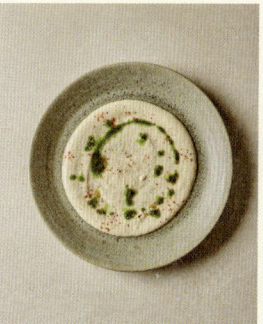

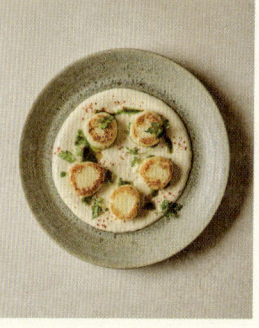

플레이팅

1 납작한 접시에 크림소스를 둥글게 깐다.
2 파슬리오일을 뿌린다.
3 칠리파우더를 뿌린다.
4 구운 뇨끼를 올리고 쳐빌을 얹어 완성한다.

Tip
쳐빌은 생략해도 좋아요.

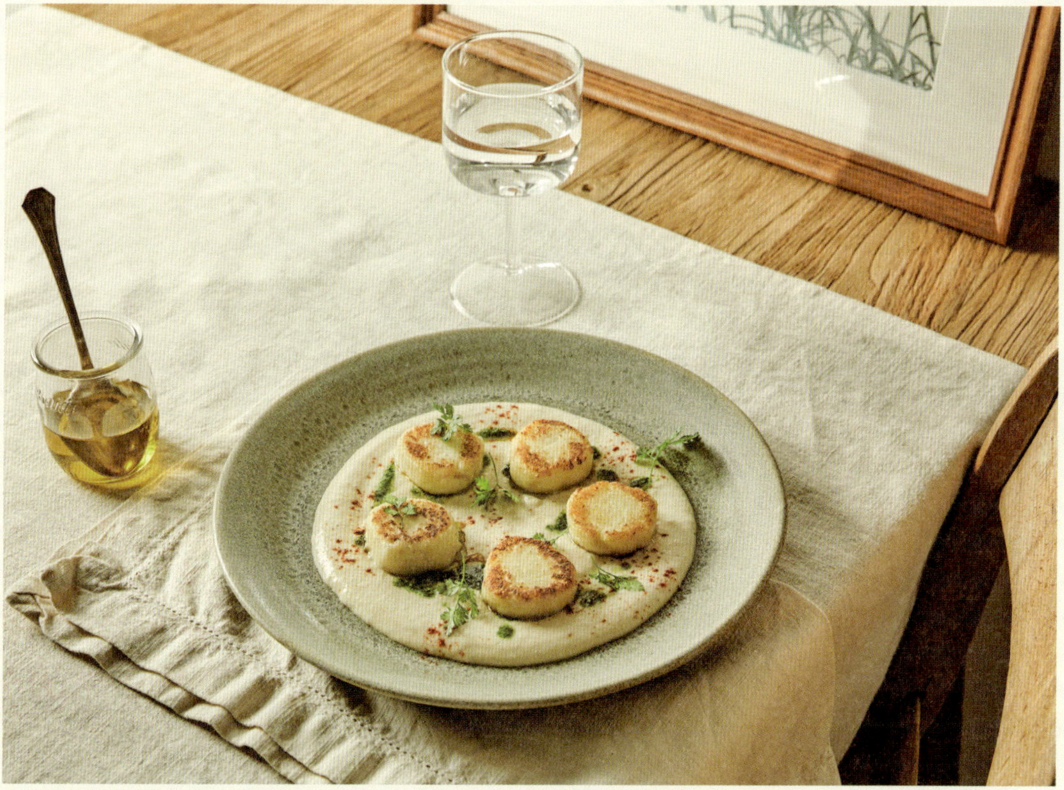

Penne with Pumpkin Sauce

단호박 시금치 펜네

〈2인분〉

파스타(펜네) 160g
물 1 1/2L, 소금 1 1/2큰술

단호박 300g
두유 380~400㎖
캐슈넛 40g
시금치(섬초) 80g
양파 200g
다진 마늘 2작은술
레몬즙 1작은술
올리브오일 2큰술
소금 약간

● **토핑**
올리브오일(엑스트라버진) 2큰술
칠리파우더 약간

Prep.

1 단호박은 씨를 빼고 찜기에 15분 정도 단호박이 푹 익도록 찐뒤 다 익으면 한 김 식힌 뒤 껍질을 벗긴다.

    Tip 전자레인지용 용기에 단호박을 큼직하게 썰어 약간의 물을 넣고 뚜껑을 덮어 5~6분간 쪄도 돼요.

2 캐슈넛은 따뜻한 물에 20분간 불린다.

3 시금치는 꼭지를 떼고 줄기, 잎을 씻어 물기를 제거한다.

4 양파는 잘게 썬다.

펜네파스타 구멍으로 단호박 크림소스가 스며들어 재미있는 식감을 느낄 수 있는 파스타예요. 소스가 부드럽기 때문에 통밀 펜네도 잘 어울려요. 통밀 펜네는 알덴테가 아니라 꼬뚜라(안에 심이 남아 있지 않게 완전히 익힌 상태)로 익혀야 거친 느낌이 줄어들어요. 시금치는 센 불에 재빨리 볶아 아삭한 느낌을 살려 주세요.

만들기

1 믹서에 캐슈넛을 넣고 두유를 3~4큰술 부어 간다.

2 찐 단호박과 나머지 두유를 넣고 곱게 간다.

3 냄비에 물 1 1/2L를 넣고 끓으면 펜네와 소금 1 1/2큰술을 넣고 포장지 안내
  대로 취향에 따라 알덴테나 꼬뚜라로 삶는다.

4 센 불에 올리브오일을 1큰술 두르고 시금치를 넣어 살짝 볶은 뒤 소금으로
  간해 덜어 둔다.
  Tip 센 불에 재빨리 볶아 숨이 죽지 않도록 해 주세요.

5 중약 불에 올리브오일을 1큰술 두르고 다진 마늘, 잘게 썬 양파를 넣어 양파
  가 투명해지도록 볶는다.

6 갈아 둔 캐슈넛, 단호박을 넣고 고루 저어 섞는다.

7 삶은 펜네를 넣고 섞은 뒤 레몬즙, 소금으로 간한다.

8 두 그릇에 나눠 담고 볶은 시금치를 얹은 뒤 올리브오일(엑스트라버진) 1큰술
  과 칠리파우더를 뿌려 완성한다.

섬초, 포항초처럼 단맛이 있고 힘 있
는 시금치를 사용하면 더 맛있어요.
캐슈넛을 갈 때는 두유를 조금만 넣
고 갈아야 잘 갈려요. 처음부터 두유
가 많으면 헛돌고 곱게 갈리지 않아
요. 소스의 양이 넉넉하기 때문에 파
스타를 추가해서 3인분까지도 만들
수 있답니다.

플레이팅

1 그릇에 펜네파스타를 담고 소스를 충분히 얹는다.
2 통후추를 갈아 뿌리고 올리브오일을 두른다.
3 볶은 시금치를 일렬로 담는다.
4 칠리파우더를 뿌려 완성한다.

Pasta with Eggplant Basil Pesto

가지 바질 페스토 파스타

〈2인분〉
파스타(리가토니) 160g
물 1 1/2L, 소금 1 1/2큰술

• **가지 바질 페스토**
가지 2개
올리브오일 1큰술
바질 5g
소금 1작은술
다진 마늘 1작은술
레몬즙 1/2작은술
올리브오일(엑스트라버진) 40g

• **토핑**
올리브오일(엑스트라버진) 2큰술
크러시드 레드페퍼 약간
잣 1큰술
통후추 갈아서 약간

Prep.
1   가지는 필러로 껍질을 벗긴 뒤 세로로 갈라 어슷 썬다.
2   잣은 마른 팬에 노릇하게 굽는다.

가지는 칼로리가 낮을 뿐 아니라 활성산소를 제거하고 발암물질을 억제하는 성분이 다량 들어 있는 착한 채소예요. 껍질에 영양성분이 많아 껍질까지 먹는 게 좋지만, 벗기면 이물감 없이 부드러워 좋습니다. 가지 껍질은 벗겨도 되고 그대로 써서도 돼요.

만들기

1 가지는 팬에 올리브오일을 1큰술 두르고 불투명한 부분이 없이 완전히 익도록 볶아 한 김 식힌다.

2 볶은 가지, 바질, 소금, 다진 마늘, 레몬즙, 올리브오일(엑스트라버진) 40g을 푸드프로세서에 넣고 곱게 갈아 페스토를 만든다.

   Tip 핸드블렌더를 사용해도 좋아요.

3 냄비에 물 1 1/2L를 넣고 끓으면 리가토니와 소금 1 1/2큰술을 넣고 포장지에 적힌 시간에 따라 알덴테로 삶는다.

4 팬에 가지 바질 페스토를 넣고 데운 뒤 익힌 리가토니를 넣고 버무린다.

5 두 그릇에 나눠 담고 올리브유를 1큰술씩 두른 뒤 크러시드 레드페퍼, 잣, 통후추를 뿌려 완성한다.

Tip
가지를 볶을 때 올리브오일을 두르면 가지의 스펀지 같은 질감 때문에 오일이 금세 흡수돼요. 이때 오일을 보충하지 않고 좀 더 볶으면 가지에서 나오는 수분만으로 볶을 수 있어요. 가지를 덜 익히면 쓴맛이 나니 꼭 완전히 익혀 주세요.
파스타는 리가토니 말고 원하는 종류의 쇼트파스타로 대체해도 좋아요. 비건 리코타 치즈를 숟가락으로 뚝뚝 떼어서 군데군데 얹어도 맛있습니다.

플레이팅

1 그릇에 가지 바질 페스토에 버무린 리가토니를 담는다.

2 올리브유를 뿌리고 크러시드 레드페퍼를 뿌린다.

3 잣을 올리고 통후추를 갈아 뿌린다.

4 바질잎을 얹어 완성한다.

Sun-dried Tomato Pasta

선드라이드 토마토 파스타

〈2인분〉

파스타(오레키에테) 160g
물 1 1/2L, 소금 1 1/2큰술

양송이버섯 160g
선드라이드 방울토마토 80g
다진 마늘 2작은술
화이트와인 100㎖
채소스톡 300㎖
드라이 오레가노 1작은술
홀그레인 머스터드 1작은술
올리브오일 1큰술
소금 약간
통후추 약간
바질 8장
선드라이드 방울토마토 40g

● 토핑
올리브오일(엑스트라버진) 2큰술
바질 3~4장

● 선드라이드 토마토 만들기
방울토마토 1kg
소금 1작은술
비정제 설탕 1작은술
올리브오일 3큰술
허브(타임, 오레가노, 로즈마리 등) 1/2큰술

Prep.

1 양송이버섯은 젖은 행주로 겉면을 닦고 도톰하게 슬라이스한다.
2 바질은 손으로 찢어 둔다.

여름, 방울토마토 가격이 쌀 때 한 상자씩 사다가 선드라이드 토마토를 만들어요. 매실청, 유자청처럼
선드라이드 토마토 만들기도 계절 루틴이 되었답니다. 반으로 썰고 올리브오일과 소금, 약간의 설탕,
집에 있는 허브를 뿌려 버무린 뒤 110℃ 오븐에서 2시간 정도 말리듯 구우면 완성! 저는 오래 보관하려
고 소분해서 냉동해 두고 먹어요.

만들기

1 냄비에 물 1 1/2L를 넣고 끓으면 오레키에테와 소금 1 1/2큰술을 넣고 70% 정도 익도록 삶아 체에 건진다.

2 팬에 올리브오일 1큰술을 두르고 중약 불에 다진 마늘을 볶다가 양송이버섯을 넣고 센 불로 볶는다.

3 선드라이드 토마토 80g을 넣고 더 볶는다.

4 선드라이드 토마토가 뜨겁게 가열되면 화이트와인을 넣고 알코올을 날린다.

5 삶은 오레키에테를 넣고 채소스톡, 드라이 오레가노를 넣어 끓인다.

6 국물이 거의 없어질 때까지 조린 뒤 홀그레인 머스터드, 손으로 찢은 바질 8장, 선드라이드 토마토 40g을 넣어 한 번 버무리고 소금, 후추로 간한다.

7 두 그릇에 나눠 담고 올리브오일(엑스트라버진) 1큰술을 각각 뿌린 뒤 바질로 장식해 완성한다.

선드라이드 토마토 만들기

1 방울토마토는 반으로 갈라 씨를 뺀다.

2 소금, 비정제 설탕, 올리브오일, 허브를 넣어 버무린다.

3 오븐 팬에 종이포일을 깔고 방울토마토의 자른 단면이 위로 가게 놓는다.

4 110℃로 예열된 오븐에서 2시간 반 정도 말리듯 굽는다.

Tip 선드라이드 토마토는 식힌 뒤 소독한 병에 담고 올리브유를 넣어 냉장 보관해요. 수분 없이 완전히 말랐다면 냉장고나 냉동고에서 수개월도 보관 가능하지만 수분이 남아 있는 경우 냉장고에서 2주 정도 보관할 수 있어요.

Pasta Puttanesca
파스타 푸타네스카

〈2인분〉

파스타(스파게티면) 160g
물 1 1/2L, 소금 1 1/2큰술

빨간 파프리카 1개
가지 1개
새송이버섯 1개
토마토 1/2개
올리브오일 1큰술
다진 마늘 1/2큰술
드라이 오레가노 1작은술
페페론치노 2개
화이트와인 75㎖
채소스톡 200㎖
그린올리브 8개
블랙올리브 8개
케이퍼 1/2큰술
소금 약간

● 토핑
올리브오일(엑스트라버진) 2큰술
통후추 갈아서 약간
다진 이탈리안 파슬리 약간

Prep.

1 파프리카는 가스불이나 토치에 구워 껍질을 태운 뒤 볼에 담고 랩을 씌워 식힌다.

2 껍질 태운 파프리카를 물에 씻어가며 껍질을 벗긴 뒤 꼭지, 씨, 흰심지를 제거 하고 굵게 채 썬다.

3 가지, 새송이버섯은 세로로 반 갈라 두툼하게 어슷 썬다.

4 토마토는 씨를 빼고 살만 발라내 굵게 채 썬다.

푸타네스카는 나폴리의 소스예요. 각종 채소와 안초비를 섞어 만드는데 저는 안초비를 빼고 만들었어요. 채소가 풍성하게 들어가 맛있고 영양도 풍부한 파스타랍니다.

만들기

1 냄비에 물 1 1/2L를 넣고 끓으면 소금 1 1/2큰술을 넣고 스파게티가 70% 정도 익도록 삶아 체에 건진다.

2 팬에 올리브오일을 1큰술 두르고 중약 불에 다진 마늘을 볶다가 가지, 새송이 버섯, 드라이 오레가노를 넣고 센 불에 볶는다.

3 가지가 거의 익으면 채 썬 토마토, 파프리카, 페페론치노를 넣고 볶는다.

4 화이트와인을 넣어 알코올을 날린 뒤 채소스톡을 넣고 한 번 끓으면 삶은 스파게티, 그린올리브, 블랙올리브, 케이퍼를 넣고 스파게티를 마저 익힌다.

5 그릇에 담고 올리브오일(엑스트라버진)을 뿌린 뒤 간 통후추, 다진 이탈리안 파슬리를 뿌려 완성한다.

Noodle &
Rice

누들 & 라이스

Avocado Cold Udon Bowl
아보카도 냉우동 볼

〈2인분〉
우동면 250g
아보카도 1/2개
노란 방울토마토 70g
오이 50g
로메인 레터스 30g
적양파 25g
어린잎 채소 5g

● 드레싱
다진 마늘 1 1/2작은술
와사비 1작은술
레몬즙 1작은술
아가베시럽 2작은술
참기름 1/4작은술
비정제 설탕 1큰술
식초 1큰술
간장 1큰술
올리브오일 1큰술

와사비드레싱과 아삭한 오이, 고소한 아보카도가 어우러진 메뉴에요. 채소까지 푸짐하게 들어가 더운 여름 브런치 메뉴로 딱 좋답니다. 면은 쫄깃하고 굵직한 사누끼 우동면이 잘 어울려요. 냉동면을 쓰면 되는데 이미 익힌 상태라 뜨거운 물에 데치듯 잠깐 삶아 주면 돼요.

만들기

1 아보카도는 과육만 발라내 가지런히 썬다.

2 방울토마토는 2등분하고, 오이는 반으로 갈라 어슷 썬다.

3 로메인 레터스는 2cm 폭으로 썬다.

4 적양파는 얇게 채 썬다.

5 드레싱 재료를 섞어 드레싱을 만든다.

6 우동면은 포장지 안내대로 삶아 찬물에 헹궈 물기를 뺀다.

7 볼에 재료를 둘러 담고 드레싱을 곁들여 완성한다.

플레이팅

1 그릇에 로메인 레터스를 깐다.

2 우동면을 담는다.

3 방울토마토, 오이, 적양파를 둘러 담는다.

4 아보카도와 어린잎 채소를 얹고 드레싱을 따로 곁들여 완성한다.

Eggplant and Celery Rice Bowl
가지 셀러리 덮밥

〈2인분〉
가지 3개
셀러리대 1개
대파(흰 부분) 2대
식용유 2큰술
다진 마늘 1/2큰술
생강 1쪽
밥 2인분

● 조림장
비정제 설탕 1큰술
물 6큰술
식초 1큰술
간장 1큰술
후추 약간

● 토핑
(마) 60g
쪽파 2대

Prep.

1 가지는 돌려가며 납작납작한 삼각 모양으로 썬다.
2 셀러리는 질긴 껍질을 벗기고 1cm 너비로 깍둑 썬다.
3 대파는 길게 4등분한 뒤 송송 썬다.
4 쪽파는 송송 썬다.
5 마는 껍질을 벗기고 둥글게 썬다.

가지와 셀러리는 의외로 잘 어울리는 재료예요. 셀러리를 간장소스에 넣으면 향긋함과 아삭한 식감을
더한답니다. 가지를 마른 팬에 미리 구워 쫄깃한 식감을 살려 보세요.

만들기

1 조림장 재료를 모두 섞어 조림장을 만든다.

2 마른 팬에 가지를 노릇하게 구워 덜어 둔다.

3 팬에 식용유를 2큰술 두르고 셀러리, 대파, 다진 마늘, 생강을 중약 불에 볶아
   향을 낸 뒤 생강은 건져낸다.

4 조림장을 붓고 센 불로 올린 뒤 끓으면 구운 가지를 넣고 맛이 배도록 버무
   린다.

5 그릇에 밥을 담고 가지볶음을 얹은 뒤 슬라이스한 마를 얹고 쪽파를 뿌려
   완성한다.

Green Onion Fried Rice with Lime Sauce
라임소스를 곁들인 대파 볶음밥

〈1인분〉
밥 250g
마늘 10쪽
대파 2대
두부 150g
식용유 3 1/2큰술
간장 1작은술
스리라차소스 2작은술
통깨 1/2작은술
소금 약간
후추 약간

● 라임소스
다진 마늘 1작은술
비정제 설탕 1큰술
다진 청고추 1큰술
다진 홍고추 1큰술
라임즙 2큰술
간장 2큰술
맛술 1큰술

● 토핑
홍고추 1/2개
다진 땅콩 2큰술
고수 취향껏
라임 1조각

Prep.
1 마늘은 저며 썬다.
2 대파는 얇게 썬다.
3 두부는 키친타월로 감싸 물기를 꼭 짠다.
4 라임소스 재료를 섞어 라임 소스를 만든다.
5 토핑용 홍고추는 얇고 동글게 썬다.

볶음밥은 채소만으로도 뚝딱뚝딱 쉽게 만들 수 있죠. 냉이 볶음밥, 마늘종 볶음밥, 달래 볶음밥 등 개성
있는 채소 한 가지에 양념만 더하면 맛있게 밥을 볶아낼 수 있답니다. 마늘과 대파를 듬뿍 넣은 대파 볶
음밥에 라임소스를 더하면 이국적인 맛으로도 즐길 수 있어요.

만들기

1 팬에 식용유 1큰술을 두르고 저민 마늘을 노릇하게 볶아 덜어 둔다.

2 팬에 식용유 1/2큰술을 두르고 물기를 짠 두부와 간장 1작은술, 스리라차소스 1작은술을 넣고 으깨면서 질척이지 않을때까지 볶아 덜어 둔다.

3 팬에 식용유 2큰술을 두르고 대파를 볶다가 밥을 넣고 볶는다.

   Tip 밥은 찬밥을 사용하는 게 좋아요. 즉석밥을 쓸 경우 전자레인지에 데우지 말고 바로 사용하세요.

4 덜어 둔 마늘, 두부를 넣고 남은 스리라차소스, 깨, 소금, 후추로 간하여 볶는다.

5 접시에 볶음밥을 담고 다진 땅콩과 홍고추를 뿌린 뒤 고수를 취향껏 올리고 라임조각과 소스를 곁들여 완성한다.

   Tip 고수 대신 쪽파를, 땅콩 대신 양파칩을 써도 좋아요.

곁들임용 라임이나 레몬 자르는 법

1 웨지로 자르기: 세로로 6등분해 자른 뒤 모서리의 흰 부분을 잘라내고 양쪽 끝도 다듬는다.

2 해 모양으로 자르기: 세로로 자른 라임을 가로로 다시 한 번 자른 뒤 웨지로 자른다.

3 조개 모양으로 자르기: 양쪽 꼭지를 연결해 세로로 썰지 말고 칼을 한쪽 꼭지에 대고 비스듬히 썰어 조개모양의 단면이 나오도록 한다.

Braised Lentil Bibimbap

렌틸콩조림 비빔밥

비빔밥엔 육회나 볶은 쇠고기가 들어가야 할 것 같지만 없이도 충분히 맛있게 만들 수 있어요. 조린 렌틸콩을 넣고 채 썬 생밤과 대추로 장식하면 고기 없이도 고급스럽고 맛있는 비빔밥이 됩니다.

〈2인분〉

밥 2인분
새송이버섯 1개
애호박 1/3개
당근 1/4개
표고버섯 6개
생밤 2개
건대추 2개
잣 1큰술
렌틸콩 조림(p41 참고) 5큰술
소금 약간
식용유 적당량

● 양념장

고춧가루 1큰술
다진 파 1큰술
맛술 1큰술
간장 3큰술
통깨 1작은술
다진 마늘 1작은술
참기름 1작은술

Prep.

1 표고버섯은 기둥을 떼고 갓만 애호박, 새송이버섯, 당근과 함께 4mm 두께로 채 썰고, 밤은 가늘게 채 썬다.

2 건대추는 씨를 빼고 돌돌 말아 얇게 썰어 꽃 모양으로 만들고, 잣은 종이 위에 놓고 곱게 다진다.

만들기

1 팬에 식용유를 두르고 새송이버섯, 애호박, 당근, 표고버섯 순으로 각각 소금으로 간해 가며 볶아 덜어 둔다.

2 양념장 재료를 모두 섞어 양념장을 만든다.

3 넓은 볼에 밥을 담고 생밤과 건대추를 제외한 재료를 둘러 담은 뒤 잣가루를 뿌린다.

4 가운데 채 썬 생밤을 담고 모양 낸 대추를 얹은 후 양념장을 따로 곁들여 완성한다.

Lentil Gimbap

렌틸콩 김밥

저는 김밥을 좋아해서 집에서 자주 만들어 먹어요. 김밥 한 가지 만들어서 두 끼 정도 먹는다 생각하면
이런저런 반찬을 곁들이는 식사에 비해 특별히 더 번거롭게 느껴지지 않는답니다. 김밥을 말 때는 김
위에 밥을 꼭꼭 눌려 담지 말고 고슬고슬 편 뒤 말 때 꼭꼭 쥐는 느낌으로 만들면 속 재료와 밥이 잘 밀
착되어 탄탄한 김밥을 만들 수 있어요.

〈5줄〉

밥 4인분
깨소금 1/2큰술
참기름 1큰술
소금 1/2작은술
두부 150g
당근 1 1/2개
오이 1개
단무지 5줄
김 5장
렌틸콩조림(p41 참고) 150g~200g
소금 약간
식용유 2큰술

만들기

1 밥은 고슬하게 지어 깨소금, 참기름, 소금 1/2직은술로 양념해 식힌다.

2 두부는 1.5cm 굵기로 길게 썰어 소금을 약간 뿌리고 5분 정도 두었다가 키친
   타월로 감싸 수분을 뺀 뒤 팬에 식용유 1큰술을 두르고 노릇하게 굽는다.

3 당근은 채 썰어 팬에 식용유 1큰술을 두르고 볶아 소금으로 간한다.

4 오이는 길게 썰어 씨를 빼고 소금을 약간 뿌려 10분 정도 둔다.

5 김에 양념한 밥을 펼치고 두부, 단무지, 당근, 오이, 렌틸콩조림을 올린 뒤
   말아 한입 크기로 썰어 완성한다.

Vegan

Chickpea Tuna Mayo Gimbap
칙피 참치마요 김밥

〈5줄〉

밥 4인분
깨소금 1/2큰술
참기름 1큰술
소금 1/2작은술
두부 150g
당근 1 1/2개
오이 1개
단무지 5줄
김 5장
삶은 병아리콩(p39 참고) 200g
비건 마요네즈(p31 참고) 60g
소금 약간
후추 약간
식용유 2큰술

• 우엉조림
우엉 500g
다시마물 5컵(물 5컵+다시마 10X10cm 2장)
간장 1/2컵
올리고당 1/2컵+3큰술
식용유 1큰술
참기름 1/2큰술

우엉조림 만들기

1 따뜻한 물 5컵에 다시마 2장(10x10cm)을 넣고 우려 다시마물을 만든다.
2 우엉은 껍질을 벗기고 칼이나 채칼을 이용해 약 4cm 길이로 짧게 채 썬다.
3 채 썬 우엉과 다시마물, 간장, 올리고당 1/2컵, 식용유를 넣고 중간 불로 조린다.
4 물이 거의 없어지면 올리고당 3큰술을 넣고 물기 없이 마저 조린다.
5 참기름을 넣어 마무리한다.

비건이라고 말하지 않으면 참치마요 김밥이라고 생각하게 될 김밥이에요. 아삭이고추를 채 썰어 넣어
도 상큼하게 잘 어울려요. 피망이나 파프리카를 넣어도 좋답니다. 다시마물에 두부, 미역 조금 넣고 간
단하게 미소된장국을 끓여 곁들여 보세요.

만들기

1 밥은 고슬하게 지어 깨소금, 참기름, 소금 1/2작은술로 양념해 식힌다.

2 두부는 1.5cm 굵기로 길게 썰어 소금을 약간 뿌리고 5분 정도 두었다가 키친
타월로 감싸 수분을 빼고 팬에 식용유 1큰술을 두르고 노릇하게 굽는다.

3 당근은 채 썰어 팬에 식용유 1큰술을 두르고 볶아 소금으로 간한다.

4 오이는 길게 썰어 씨를 빼고 소금을 약간 뿌려 10분 정도 둔다.

5 삶은 병아리콩은 푸드프로세서에 갈아 비건 마요네즈, 소금 약간, 후추를 넣고
버무린다.

　Tip 병아리콩은 곱게 가는 것보다 약간 거칠게 가는 것이 좋아요.

6 김에 양념한 밥을 펼친 뒤 두부, 단무지, 당근, 오이, 병아리콩 마요, 우엉조림
을 얹고 말아 한입 크기로 썰어 완성한다.

Dubu Greenbean Rice Bowl
두부 그린빈 덮밥

〈2인분〉

밥 2인분
두부 350g
소금 약간
전분 1/2컵
식용유 1/2컵
그린빈 120g
캐슈넛 40g
홍고추 1개

● 조림장
생강 1쪽
다진 파 2큰술
간장 3큰술
맛술 2큰술
식용유 1큰술

● 소스
맛술 2/3큰술
간장 1큰술
참기름 1작은술

Prep.

1 두부는 소금을 뿌려 잠시 두었다가 키친타월로 물기를 제거하고 2cm 길이로 깍둑 썬 뒤 소금으로 밑간한다.

2 그린빈은 끓는 물에 데쳐 찬물에 헹군 뒤 4~5cm 길이로 썬다.
　Tip 냉동 그린빈을 사용해도 돼요.

3 홍고추는 얇고 둥글게 썬다.

부드러운 두부, 아삭한 그린빈과 고소한 캐슈넛이 조화를 이루어 맛있는 덮밥이에요. 두부에 전분을 입힌 채로 오래 두면 뭉치니 굽기 직전에 입혀 주세요. 팬을 기울여서 식용유를 한쪽으로 모아 튀기듯 구우면 기름을 덜 사용할 수 있어요.

만들기

1   깍둑 썬 두부는 전분을 묻혀 팬에 식용유 1/2컵을 붓고 튀기듯 구워 키친타월
    에 건져 둔다.

2   팬에 식용유를 1큰술 두르고 중약 불에 생강과 다진 파를 볶아 향을 낸 뒤
    센 불로 올려 간장 3큰술, 맛술 2큰술을 넣고 조림장을 만든다.

3   조림장이 바글바글 끓으면 두부, 그린빈, 캐슈넛을 넣고 버무리고 생강은
    꺼낸다.

4   소스 재료를 섞어 소스를 만든다.

5   그릇에 밥을 담고 소스를 뿌린 뒤 조린 재료를 올리고 슬라이스한 홍고추를
    뿌려 완성한다.

플레이팅

1 넓은 볼에 밥을 평평하게 펴 담은 뒤 소스를 뿌리고 두부조림을 올린다.
2 그린빈을 얹는다.
3 캐슈넛이 잘 보이게 올린다.
4 홍고추를 뿌려 완성한다.

Mushroom Risotto

버섯 리소토

〈2인분〉

표고버섯 8개
캐슈넛 20g
양파 60g
양송이버섯 100g
다진 마늘 1작은술
알보리오 라이스 1컵
화이트와인 2큰술
채소스톡 (p37참고) 3컵
올리브오일 1큰술
영양효모(뉴트리셔널 이스트) 1작은술
소금 약간
후추 약간

● **토핑**
올리브오일 1큰술
다진 이탈리안 파슬리 약간
셀러리칩 2~4장

Prep.

1 표고버섯 8개는 모두 기둥과 갓을 분리해 갓 4개와 기둥 8개를 뜨거운 물 250㎖에 20분 이상 담가 표고버섯물을 만든다.

2 불린 기둥은 버리고 불린 갓 4개는 손으로 물기를 살짝 짜 도톰하게 슬라이스한다.

3 캐슈넛도 따뜻한 물에 20분 이상 불린다.

4 양파는 다진다.

5 양송이버섯은 젖은 행주로 겉을 닦아 도톰하게 슬라이스한다.

6 불리지 않은 표고버섯 갓 4개도 도톰하게 슬라이스한다.

이탈리아에서는 리소토 만들 때 알보리오 라이스를 씻지 않고 바로 사용하지만, 늘 쌀을 씻어 밥을 짓는 우리에게는 조금 낯설죠. 전분이 많이 씻기지 않도록 가볍게 한 번 정도만 씻어 준비해 주세요. 밥하듯 쌀을 불리지 않고 바로 사용하면 된답니다. 어두운 녹색의 케일칩이나 셀러리칩을 만들어 얹어주면 한 접시에 가을이 그대로 담긴 것처럼 보여요.

만들기

1 불린 표고버섯 갓과 불린 캐슈넛에 표고버섯물을 4큰술 정도 넣고 믹서에 곱게 간다.

2 팬에 올리브오일 1큰술을 두르고 다진 양파, 다진 마늘을 넣어 볶다가 양파가 반투명해지면 센 불에 알보리오 라이스를 넣고 뜨거워지도록 3분 정도 볶는다.
    팬이 뜨겁지 않으면 와인이 많이 흡수되어 맛이 시어질 수 있어요. 팬이 뜨거운 상태여야 와인을 넣었을 때 알코올이 증발되면서 잡내를 잡고 풍미도 살려 줍니다.

3 화이트와인을 넣고 알코올을 날린다.
    스테인리스 팬을 사용해 팬에 눌러붙는 것들이 있다면 와인을 넣은 후 저으면서 팬에 붙은 것들을 녹여 주세요.

4 표고버섯물과 채소스톡을 반 정도 넣고 끓으면 약한 불로 줄이고 중간중간 저어가며 익힌다.

5 채소스톡을 첨가해 가며 익히고 알보리오 라이스가 살캉하게 익으면 표고버섯과 캐슈넛 간 것, 나머지 채소스톡을 넣고 걸쭉해지도록 끓인다.

6 영양효모를 넣고 소금, 후추로 간한다.

7 센 불에 팬을 올리고 올리브오일을 팬에 바르듯 약간만 두른 뒤 불리지 않은 표고버섯과 양송이버섯을 구워 덜어 둔다.

8 둥근 볼에 리소토와 준비한 재료를 담아 완성한다.

Tip

케일칩, 셀러리칩 만들기

1 케일, 셀러리 잎은 씻어 물기를 없애요.

2 올리브유를 바르고 소금을 약간 뿌린다.

3 잘 펴서 건조기에 넣고 70℃에서 1시간 동안 말려 완성한다.
    건조기가 없다면 110℃ 오븐에서 10분~13분 정도 구워 만들어도 돼요.

플레이팅

1 그릇에 리소토를 소복하게 담는다.

2 구운 표고버섯, 양송이버섯을 올린다.

3 올리브오일을 한 큰술 두른 뒤 다진 이탈리안 파슬리를 뿌린다.

4 셀러리칩을 얹어 완성한다.

Eggplant Rice Bowl

가지 덮밥

가지는 칼로리는 낮고 영양은 풍부한 채소로 알려져 있죠. 색이 선명하고 윤기가 나며 꼭지의 가시돌기가 까칠하고 들어 보았을 때 묵직한 것이 신선한 것이랍니다. 기름에 볶아 비타민 E, 리놀산의 흡수율을 높이고 생강, 고춧가루처럼 따뜻한 성질의 재료를 함께 사용해 가지의 찬 성질을 보완하면 건강하고 맛있는 가지 덮밥이 완성돼요.

〈2인분〉

밥 2인분
가지 2개
두부 250g
다진 마늘 1큰술
다진 생강 1작은술
대파(흰 부분만) 1대
식용유 3큰술
두반장 2큰술
물녹말(물:녹말=2:1) 3큰술
참기름 1/2큰술
쪽파 2대

● 양념장

비정제 설탕 1큰술
백미소된장 1큰술
고춧가루 1/2큰술
간장 1큰술
다시마물 1컵(물 1컵+다시마 7X7cm 1장)
식초 1/2작은술

Prep.

1 가지는 길게 반으로 가른 뒤 도톰하게 어슷 썰고, 대파는 길게 반으로 가른 뒤 송송 썬다.
2 두부는 작게 깍둑 썰고, 쪽파는 송송 썬다.
3 따뜻한 물 1컵에 다시마 1장(7x7cm)을 넣고 10분간 우려 다시마물을 만들고, 물과 녹말을 2:1로 섞어 물녹말을 만든다.

만들기

1 양념장 재료를 모두 섞어 양념장을 만든다.
2 팬에 식용유 1 큰술을 두르고 어슷 썬 가지를 구워 덜어 둔다.
3 팬에 식용유 2큰술을 두르고 중약 불에 다진 마늘, 다진 생강, 송송 썬 대파를 넣어 볶다가 두반장을 넣고 센 불에 두반장이 지글지글 끓도록 볶는다.
4 깍둑 썬 두부와 양념장을 넣고 두부에 색이 고루 배도록 끓인다.
5 구운 가지를 넣고 한 번 끓인 뒤 물녹말을 붓고 농도를 맞춘다.
6 참기름을 넣어 섞고 그릇에 밥과 함께 담은 뒤 송송 썬 쪽파를 뿌려 완성한다.

Noodle with Dubu and Perilla Sauce
들깨소스 두부국수

〈2인분〉

통밀국수 150g
오이 1개
소금 1작은술
비정제 설탕 1큰술
식초 1큰술
두부 250g
소금 약간
전분 3큰술
식용유 적당량
상추 8장
적양파 70g
대파 흰 부분 5cm 1대

● 들깨소스
비정제 설탕 1큰술
들깻가루 2큰술
다진 마늘 1큰술
간장 2큰술
들기름 1큰술
다시마물 50㎖(물50㎖+다시마5x5cm1장)
와사비 2작은술

Prep.

1 오이는 얇게 슬라이스해 소금, 비정제 설탕, 식초에 20분 정도 절여 물기 없이 꼭 짠다.

2 두부는 2cm 너비로 깍둑 썰어 소금을 약간 뿌려 10분 정도 두었다가 키친타월로 감싸 물기를 뺀다.

3 상추는 3cm 너비로 썬다.

4 적양파는 얇게 채 썰어 찬물에 담갔다 건진다.

5 대파는 얇게 슬라이스해 찬물에 담갔다 건져 키친타월로 물기를 없앤다.

6 다시마 1장(5x5cm)을 따뜻한 물 50㎖에 담가 다시마물을 만든다.

와사비를 넣은 고소하면서도 달콤 알싸한 들깨 국수 레시피예요. 두부 대신 들깨꽃 튀김을 곁들이면 더할 수 없이 좋은데 9월 잠깐 피는 들깨꽃 구하기가 쉽지 않아 아쉽습니다. 고소한 들깨 국수를 만들고 싶으면 국수를 간장, 들깻가루, 들기름에 비벼 오이와 부순 김을 곁들여 주세요.

만들기

1 들깨소스 재료를 모두 섞어 들깨소스를 만든다.

2 두부는 전분을 묻혀 식용유에 튀기듯 굽는다.
   Tip 전분을 묻혀 오래 두지 말고 튀기기 전에 바로 묻혀 주세요.

3 통밀국수를 삶아 찬물에 헹군 뒤 물기를 뺀다.

4 접시에 상추를 깔고 준비한 재료를 올려 완성한다.

플레이팅

1 접시에 상추를 넓게 깐다.

2 국수를 보기 좋게 올리고 들깨소스를 듬뿍 뿌린다.

3 오이, 적양파를 지그재그로 올린다.

4 튀긴 두부를 올리고 슬라이스한 대파를 뿌려 완성한다.

Sandwich

샌드위치

Chili Potato Crostini

칠리 포테이토 크로스티니

〈10개〉

바게트 1개
감자 200g
소금 1작은술
아보카도 1/2개
완숙 토마토 1/2개
올리브오일 적당량

• **칠리드레싱**

비정제 설탕 1큰술
라임즙 1/2큰술
소금 1/4작은술
다진 마늘 1작은술
칠리파우더 1 1/2작은술
비건 마요네즈(p31 참고) 60g

• **토핑**

적양파 20g
이탈리안 파슬리 6장
칠리파우더 약간
통후추 갈아서 약간

Prep.

1 토핑용 적양파는 잘게 다진다.
2 이탈리안 파슬리는 채 썬다.

크로스티니는 얇게 썬 빵을 바삭하게 구운 후 다양한 재료를 얹어 만드는 이탈리아 요리예요. 보통 바게트를 동그랗고 얇게 썰어 쓰지만 길게 썰면 또 다른 멋스러운 느낌이 나요. 애피타이저로도, 와인이나 맥주 안주로도 좋은 메뉴랍니다.

만들기

1 감자는 껍질을 벗기고 1cm 너비로 깍둑 썰어 물 500~600㎖, 소금 1작은술
   넣고 삶아 건져 식힌다.

2 아보카도도 1cm 너비로 깍둑 썬다.

3 토마토는 씨를 빼고 과육만 깍둑 썬다.

4 칠리드레싱 재료를 모두 섞어 드레싱을 만든다.

5 감자, 아보카도, 토마토를 드레싱에 버무린 뒤 소금으로 모자라는 간을 맞춘다.

6 바게트는 길이 12~13cm로 얇고 길쭉하게 썰어 앞뒤로 올리브오일을 발라
   팬에 노릇하게 굽는다.

7 구운 바게트에 감자믹스를 올린 뒤 토핑 재료를 뿌려 완성한다.

 Tip

감자는 전자레인지용 그릇에 물을 약
간 넣고 뚜껑을 덮은 뒤 전자레인지
로 익혀도 돼요. 전자레인지에 익힌
감자는 삶은 감자보다 수분이 적어
쫄깃하답니다.

플레이팅

1 구운 바게트를 접시에 담는다.

2 감자믹스를 듬뿍 올린다.

3 다진 적양파, 칠리파우더를 뿌린다.

4 채 썬 이탈리안 파슬리를 얹은 뒤 통후추를 갈아 뿌리고 남은 잎으로 장식해
   완성한다.

Creamy Chickpea Sandwich

크리미 칙피 샌드위치

〈2개〉

치아바타 2개
아보카도 1개
토마토 1/2개
와일드 루꼴라 20g
올리브오일 적당량

• 크리미 칙피 스프레드
삶은 병아리콩(칙피) 1컵
셀러리 20g
적양파 20g
비건 마요네즈(p31 참고) 60g
비정제 설탕 1/2작은술
홀그레인 머스터드 1/2작은술
소금 1/8작은술

• 머스터드 스프레드
홀그레인 머스터드 1 1/2큰술
아가베시럽 1 1/2큰술

Prep.

1 아보카도는 2등분해 얇게 슬라이스한다.

2 토마토도 슬라이스한다.

3 셀러리와 적양파는 잘게 다진다.

4 와일드 루꼴라는 깨끗이 씻어 키친타월로 물기를 제거한다.

삶은 병아리콩을 갈아서 비건 마요네즈에 버무리면 신기하게도 참치마요 같은 느낌이 나요. 크리미 칙
피 스프레드만 만들어서 구운 바게트에 발라 아침으로 먹어도 맛있고 크랜베리와 호두를 조금 섞어서
바게트에 도톰하게 얹어 카나페처럼 만들어도 좋아요. 치아바타로 샌드위치를 만들 때는 빵을 한 번
구우면 한결 맛있어집니다.

만들기

1 삶은 병아리콩은 푸드프로세서에 곱게 간다. (병아리콩 삶는 법은 p39 참고)
2 곱게 간 병아리콩에 나머지 크리미 칙피 스프레드 재료를 모두 넣고 섞는다.
3 치아바타는 반으로 갈라 올리브오일을 바른 뒤 팬에 앞뒤로 노릇하게 굽는다.
4 홀그레인 머스터드와 아가베시럽을 섞어 머스터드 스프레드를 만든다.
5 구워 낸 치아바타 한 쪽에 준비한 재료를 올리고 치아바타를 덮어 완성한다.

플레이팅

1 치아바타는 노릇하게 구워 준비한다.

2 홀그레인 머스터드 스프레드를 치아바타 안쪽 면에 고루 바른다.

3 아보카도와 토마토를 올린다.

4 크리미 칙피 스프레드도 넉넉히 올린다.

5 와일드 루꼴라를 올려 덮은 뒤 접시에 올려 완성한다.

Sweet potato and Rucola Sandwich

고구마 루꼴라 샌드위치

〈3개〉

통밀식빵 6장
양파 300g
중간크기 사과 1개
올리브오일 1큰술
소금 약간
후추 약간
비건 마요네즈 4~5큰술

● 루꼴라 밑간

루꼴라 30g
올리브오일 1/2작은술
식초 1/2작은술
소금 약간

● 고구마 스프레드

고구마 300g
디종 머스터드 1큰술
올리브오일 1큰술
메이플시럽 1큰술
비건밀크 (두유, 오트밀크 등) 2큰술
소금 1/4작은술

Prep.

1 고구마는 껍질을 벗기고 저며 썰어 전자레인지용 그릇에 고구마가 반쯤 잠기게 물을 담고 뚜껑을 덮어 5분 정도 익힌 뒤 물은 버리고 뜨거울 때 포크로 으깬다.

2 양파는 결 반대 방향으로 6~7mm 두께로 썬다.

3 사과는 씨를 제거하고 껍질째 얇게 저며 썬다.

4 루꼴라는 깨끗이 씻어 키친타월로 물기를 제거한 뒤 7~8cm 길이로 썬다.

사과와 볶은 양파, 고구마의 조화가 맛있는 샌드위치예요. 달콤한 고구마를 머스터드에 버무려 색다른 맛을 냈고 올리브오일과 식초에 버무린 루꼴라로 아삭한 식감을 더했답니다. 부드러운 고구마 스프레드가 통밀식빵의 다소 거친 식감을 보완해 줘요. 고구마와 사과가 제철인 가을에 먹으면 더 맛있는 샌드위치입니다.

만들기

1 양파는 팬에 올리브유 1큰술을 두르고 중간 불에 갈색이 나도록 충분히 볶은
   뒤 소금, 후추로 간한다.
2 으깬 고구마에 나머지 고구마 스프레드 재료를 모두 넣고 섞는다.
3 루꼴라에 밑간 재료를 넣고 살짝 버무린다.
4 통밀식빵은 토스터나 팬에 노릇하게 굽는다.
5 구운 통밀빵 안쪽에 비건 마요네즈를 바른 뒤 준비한 재료를 얹고 빵을 덮어
   완성한다.

여름에는 사과 대신 딱딱한 복숭아를 써도 맛있고, 통밀식빵 대신 치아바타도 잘 어울
려요.

플레이팅

1 빵 안쪽에 비건 마요네즈를 꼼꼼하게 바른다.

2 비건 마요네즈를 바른 빵 위에 고구마 스프레드를 펴 바르고 얇게 저며 썬
   사과를 가지런히 올린다.

3 볶은 양파와 루꼴라를 올린다.

4 빵을 덮고 대각선으로 자른다.

   Tip 빵에 자국이 남지 않게 손가락을 눕혀 빵을 잡고 빵 한쪽의 1/3지점과
   반대쪽 2/3지점을 연결해 썰면 내용물이 잘 빠져나오지 않고 먹기도 편해요.

Eggplant and Basil Pesto Tartine

가지 바질 페스토 타르틴

〈4~5개〉

통밀빵 4~5쪽
올리브오일 약간
적양파 30g
방울토마토 200g
바질 4~5장
아가베시럽 취향껏

● **가지 바질 페스토**

가지 1개
올리브오일 1큰술
바질 3g
소금 1/2작은술
다진 마늘 1/2작은술
레몬즙 1/4작은술
올리브오일(엑스트라 버진) 25g

Prep.

1 가지는 길이로 2등분한 뒤 얇게 어슷 썬다.
2 적양파는 잘게 다진다.
3 방울토마토는 2등분한다.

"

가지와 올리브오일은 정말 찰떡궁합이에요. 거기에 바질을 더했으니 맛이 없을 수 없죠. 맛뿐 아니라
마늘, 토마토까지 건강에 좋은 재료들이 듬뿍 들어가는 타르틴입니다. 가지를 충분히 볶지 않으면 쌉
싸름한 맛이 날 수 있으니 불투명한 부분이 없도록 볶고, 적양파는 곱게 다져 마지막에 보석처럼 뿌려
모양을 살려 주세요.

"

만들기

1 팬에 올리브오일을 1큰술 두르고 어슷 썬 가지를 불투명한 부분이 없도록
   충분히 볶아 한 김 식힌다.
   Tip 가지가 오일을 바로 흡수해도 오일을 더 보충하지 마세요. 가지의 수분으
   로 볶을 수 있어요.
2 푸드프로세서에 볶은 가지와 나머지 가지 바질 페스토 재료를 넣고 곱게 갈아
   페스토를 만든다.
3 통밀빵에 올리브오일을 발라 팬에 노릇하게 굽는다.
4 구운 통밀빵에 준비한 재료를 올려 완성한다.

플레이팅

1 올리브오일을 발라 노릇하게 구운 통밀빵을 접시에 올리고 가지 바질 페스토
를 넉넉히 펴 바른다.
2 방울토마토를 고루 얹는다.
3 적양파를 뿌린다.
4 아가베시럽을 지그재그로 뿌린 뒤 바질을 손으로 찢거나 채 썰어 올려 완성
한다.

Peperonata Sandwich

페페로나타 샌드위치

〈2개〉

치아바타 2개
올리브오일 약간
빨간 파프리카 1개
노란 파프리카 1/2개
적양파 100g
다진 마늘 1작은술
올리브오일 2큰술

● 토마토소스
케이퍼 1/2큰술
홀토마토 3큰술
레드와인 비니거 1/2큰술
페페론치노 1개
비정제 설탕 1/2작은술
드라이 타임 1/2작은술
소금 약간
후추 약간

● 스프레드 및 토핑
비건 리코타치즈(p33참고) 60g
발사믹 크림 적당량
브라질너트 1~2개
와일드 루꼴라 25g

Prep.

1 빨간 파프리카와 노란 파프리카는 가스 불이나 토치로 껍질을 태운 뒤 볼에 담고 랩을 씌워 식힌다.

2 물에 씻어가며 탄 껍질을 벗겨내고 꼭지와 안쪽 흰 심지, 씨를 제거하고 살만 발라낸다.

3 와일드 루꼴라는 씻은 뒤 키친타월로 물기를 제거한다.

4 페페론치노는 손으로 부숴 둔다.

페페로나타는 파프리카와 양파, 토마토, 올리브유를 섞어 만든 이탈리아의 스튜 요리인데, 끓이지 않고 수분 없이 볶아 만드는 것으로 응용해 봤어요. 파프리카 껍질을 태워 벗기는 건 조금 손이 가는 일 같지만, 그 효과가 좋아서 저는 꼭 껍질을 벗겨 만들어요. 좀 어렵게 느껴지면 껍질을 벗기지 않고 그냥 볶아도 괜찮아요. 페페로나타는 차게 먹어도 맛있기 때문에 전날 미리 만들어 두어도 좋습니다.

만들기

1 손질한 파프리카와 적양파는 길게 채 썬다.

2 팬에 올리브오일 2큰술을 두르고 다진 마늘, 채 썬 적양파를 볶다가 파프리카
   를 넣어 볶는다.

3 토마토소스 재료를 모두 넣고 중약 불에 물기가 없어질 때까지 뭉근히 볶아
   페페로나타를 만든다.

4 치아바타는 안쪽에 올리브오일을 발라 팬에 앞뒤로 노릇하게 굽는다.

5 치아바타에 비건 리코타치즈를 바르고 완성된 페페로나타를 얹은 뒤 토핑을
   뿌려 완성한다.

드라이 타임 대신 프레시 타임을 사용하면 잎만 떼어 1작은술 넣어 주세요. 파프리카
껍질을 태울 때 가스레인지 대신 토치를 사용하면 껍질은 타지만 과육은 익지 않은
상태가 되므로 볶을 때 양파와 함께 넣어 충분히 볶아야 합니다.
비건 리코타치즈를 바르지 않고 페페로나타만 넣어 먹어도 맛있어요. 이때 발사믹 크
림은 생략해 주세요.

플레이팅

1 접시에 노릇하게 구운 치아바타를 올리고 비건 리코타치즈를 한쪽 면에
   바른다.
2 페페로나타를 얹고 발사믹 크림을 지그재그로 뿌린다.
3 브라질너트를 그레이터에 갈아 치즈처럼 뿌린다.
4 와일드 루꼴라를 얹어 완성한다.

Vegan

Grilled Vegetable Sandwich

그릴드 베지 샌드위치

〈2개〉

올리브 치아바타 2개
양파 1개
가지 1개
주키니 1/3개
표고버섯 4개
로메인 레터스 4장
올리브오일 1큰술+약간
소금 약간
후추 약간

● **와사비마요소스**

비건 마요네즈(p31 참고) 4큰술
와사비 1큰술

● **토핑**

발사믹 크림 약간

Prep.

1 양파는 5mm 두께의 링 모양으로 슬라이스한다.

2 가지는 어슷 썰고, 주키니는 둥글게 썬다.

3 표고버섯은 기둥을 떼고 젖은 행주나 키친타월로 닦은 뒤 도톰하게 슬라이스
  한다.

4 로메인 레터스는 씻어 키친타월로 물기를 제거한다.

따뜻하고 든든한 샌드위치가 먹고 싶을 때 그릴드 베지 샌드위치가 딱 좋아요. 재료를 조금 도톰하게
썰면 한입 베어 물었을 때 풍부한 식감이 더욱 살아난답니다. 파프리카나 토마토, 새송이버섯 등 좋아
하는 재료를 더하거나 대체할 수 있어요.

"

만들기

1 양파는 팬에 올리브오일 1큰술을 두르고 갈색이 나도록 구워 소금, 후추로
  간한다.

2 주키니, 가지, 표고버섯은 그릴 팬에 올리브오일을 살짝 바르고 소금을 뿌려
  굽는다.

3 올리브 치아바타는 반으로 갈라 올리브오일을 바른 뒤 팬에 노릇하게 굽는다.

4 비건 마요네즈와 와사비를 섞어 와사비마요소스를 만든다.

5 치아바타 안쪽에 소스를 넉넉히 바르고 재료를 올린 뒤 발사믹 크림을 뿌려
  완성한다.

플레이팅

1 와사비마요소스를 치아바타 안쪽에 바르고 로메인상추를 반으로 잘라 올린 뒤 구운 양파를 올린다.

2 가지, 주키니, 표고버섯 순으로 올린다.

3 발사믹 크림을 뿌려 완성한다.

 빵이 연한 갈색일 때 빵과 비슷한 컬러의 그릇이나 나무도마를 쓰면 컬러가 묻혀 샌드위치가 돋보이지 않을 수 있어요. 비슷한 색을 쓸 경우 흰 종이를 깔아서 빵 색과 구분지어 줍니다.

Vegan

Chickpea Tuna Mayo Sandwich
칙피마요 오픈 샌드위치

〈3~4개〉
바게트 3~4쪽
올리브오일 적당량

● **칙피 스프레드**
삶은 병아리콩(p39 참고) 150g
비건 마요네즈(p31 참고) 50g
다진 피클 2큰술
디종 머스터드 1작은술
비정제 설탕 1/2작은술
소금 약간
후추 약간

● **토핑**
적양파(작은 것) 1개
래디시 1개
쪽파 1대

Prep.
1 적양파와 래디시는 슬라이서로 링 모양으로 얇게 밀어 얼음물에 담가 두었다
아삭해지면 건져 물기를 뺀다.
2 쪽파는 송송 썬다.

참치는 들어 있지 않지만 참치 마요의 맛을 느낄 수 있는 샌드위치예요. 적양파 링을 얼음물에 담가 아
삭하고 빳빳하게 만들어 샌드위치 위에 올려 볼륨감을 살려 주세요. 건크랜베리가 있으면 다져서 뿌려
줘도 맛있답니다.

만들기

1 삶은 병아리콩은 푸드프로세서에 간다.
    약간의 입자가 남아 있게 가는 것이 좋아요.

2 나머지 스프레드 재료를 넣고 섞어 칙피 스프레드를 만든 뒤 소금, 후추로
   짭짤하게 간한다.

3 바게트는 팬에 올리브오일을 두르고 노릇하게 굽는다.

4 바게트에 칙피 스프레드를 올리고 적양파, 래디시, 쪽파를 뿌려 완성한다.

Tip
   래디시와 쪽파는 선택사항이니 생략해도 돼요. 레몬이 있으면 레몬제스트를 뿌려도
   좋답니다. 적양파는 링 모양으로 슬라이스하기 위해 온전한 1개가 필요하지만 실제 사
   용량은 1/3개 분량 정도예요.

플레이팅

1 노릇하게 구운 바게트를 접시에 올린다.
2 칙피 스프레드를 넉넉히 펴 바른다.
3 빳빳하게 물오른 적양파 링과 래디시 링을 올린다.
4 다진 쪽파를 뿌려 완성한다.

Hummus Pita Sandwich

후무스 피타브레드 샌드위치

피타브레드는 속이 비어 있어 반으로 자르면 주머니 같은 모양이 돼 포켓 브레드라고도 불러요. 토르티야처럼 얇지 않아 담백하면서 폭신한 식감이 좋은 빵이랍니다. 크기가 다양한데, 너무 크면 속이 많이 들어가 샌드위치가 축축해질 수 있기 때문에 자른 빵의 크기가 손 크기를 넘기지 않도록 해 주세요.

〈1개〉

피타브레드 1개
오이 100g
적양파 20g
방울토마토 6개
그린올리브 4개
후무스(p39참고) 120g
로메인 레터스 20g

●소스

비건 마요네즈(p31참고) 50g
다진 양파 10g
소금 1/8작은술
비정제 설탕 1/2작은술
드라이 파슬리 1/4작은술
화이트와인 비니거 1/4작은술
레몬즙 1/2작은술
다진 마늘 1작은술

만들기

1 오이는 씨를 빼고 깍둑 썬다.
2 적양파는 잘게 썰고, 방울토마토는 4등분하고, 그린올리브는 슬라이스한다.
3 소스 재료를 모두 섞어 소스를 만든다.
4 오이, 적양파, 방울토마토, 그린올리브에 소스를 섞어 버무린다.
5 피타브레드는 반 갈라 마른 팬에 노릇하게 굽는다.
6 피타브레드 안쪽에 후무스를 바른 뒤 로메인 레터스를 넣고 소스에 버무린 채소를 넣어 완성한다.
   Tip 애플민트를 넣어도 맛있어요.

Vegan

Banana Avocado Tartine

바나나 아보카도 타르틴

빵에 토핑을 얹고 빵 뚜껑을 덮지 않은 오픈 샌드위치 형태의 음식을 타르틴이라고 불러요. 바나나 아보카도 타르틴은 만들기는 정말 쉬운데 보기에도 좋고 맛도 있으면서 은근 배도 부르답니다.

〈2개〉

캄파뉴 2쪽
올리브오일 약간
아보카도 1개
소금 1/4작은술
라임즙 1작은술
바나나 1개

● 토핑
메이플시럽(또는 아가베시럽) 취향껏
크러시드 레드페퍼 1/4작은술
이탈리안 파슬리 약간

만들기

1 아보카도는 과육만 발라내 소금, 라임즙을 넣어 고루 으깬다.
2 바나나는 도톰하게 슬라이스한다.
3 캄파뉴는 올리브오일을 발라 팬에 노릇하게 굽는다.
4 캄파뉴에 으깬 아보카도를 바르고 바나나를 얹는다.
5 메이플시럽(또는 아가베시럽)을 지그재그로 뿌리고 크러시드 레드페퍼, 손으로 찢은 이탈리안 파슬리를 뿌려 완성한다.

Banana Apple Tartine
바나나 사과 타르틴

바나나를 으깨 빵에 얹고 사과를 올려 아삭함을 더했어요. 사과는 껍질째 얇게 썰어야 식감도 좋고 보기에도 좋아요. 칼로 썰기 어려우면 슬라이서를 이용하세요. 으깬 바나나 위에 시나몬파우더를 약간 뿌려도 좋아요.

〈2개〉

바나나 1개
소금 1/8작은술
사과 1/2개
호두 3알
캄파뉴 2쪽
올리브오일 약간

• 토핑

메이플시럽 취향껏
(시나몬파우더) 약간
루꼴라 15g

만들기

1 바나나는 소금을 넣고 고루 으깬다.

2 사과는 껍질째 얇게 슬라이스한다.

3 호두는 손으로 잘게 잘라 마른 팬에 노릇하게 볶는다.

4 캄파뉴는 올리브오일을 발라 팬에 굽는다.

5 캄파뉴에 으깬 바나나를 얹는다.

6 얇게 슬라이스한 사과를 얹고 메이플시럽과 시나몬파우더를 뿌린다.

7 호두를 뿌리고 루꼴라를 얹어 완성한다.

Balsamic Mushroom Tartine

발사믹소스 머쉬룸 타르틴

〈3개〉

캄파뉴 3쪽
올리브오일 약간
채 썬 레몬껍질 1작은술(레몬 1/2개 분량)

• **아보카도 믹스**

아보카도 1개
레몬즙 1/2작은술
소금 1/8작은술

• **양파볶음**

올리브오일 1/2큰술
양파 100g
양송이버섯 300g
레몬즙 1/2큰술
메이플시럽 1큰술
발사믹 크림 1 1/2큰술

Prep.

1 양송이버섯은 도톰하게 슬라이스 한다.
   Tip 크기에 따라 2~4등분 해도 좋아요.
2 양파는 사각으로 썬다.
3 레몬 1/2개는 과육은 즙을 짜고 껍질은 필러로 얇게 벗긴 뒤 흰 부분을 저며
   내고 가늘게 채 썬다.
4 아보카도는 과육만 발라 레몬즙, 소금을 넣고 으깨 아보카도 믹스를 만든다.

양송이버섯과 발사믹은 정말 잘 어울리는 식재료죠. 빵에 얹어 먹어도 맛있지만 와일드 루꼴라와 함께
브런치 플래터에 사이드 메뉴로 곁들여도 좋아요. 작은 버튼양송이를 사용하면 자르지 않고 그대로 써
도 된답니다. 허브를 쓴다면 프레시 타임이 잘 어울려요.

만들기

1 센 불에 올리브오일 1/2큰술을 두르고 양파를 볶다가 양파가 반투명해지면
   양송이버섯을 넣고 볶는다.
2 양파가 투명해지면 레몬즙 1/2큰술, 메이플시럽, 발사믹 크림을 섞어 넣고
   조리듯 볶는다.
3 캄파뉴에 올리브오일을 발라 팬에 앞뒤로 노릇하게 굽는다.
4 구운 캄파뉴 위에 아보카도 믹스, 조린 양송이버섯을 얹은 뒤 채썬 레몬껍질
   을 뿌려 완성한다.

플레이팅

1 접시에 노릇하게 구운 캄파뉴를 올린다.

2 캄파뉴 위에 으깬 아보카도를 고루 바른다.

3 조린 양송이버섯을 듬뿍 얹는다.

4 채 썬 레몬껍질을 뿌려 완성한다.

Mushroom Spinach Sandwich

머쉬룸 시금치 샌드위치

〈2개〉

통밀식빵 4쪽
양송이버섯 100g
양파 100g
다진 마늘 2작은술
올리브오일 1큰술
채소스톡 또는 물 3큰술
케이퍼 1큰술
발사믹 크림 1큰술
시금치(꼭지 떼고) 40g
소금 약간
후추 약간
비건 마요네즈(p31 참고) 4큰술

Prep.

1 양송이버섯은 젖은 행주나 키친타월로 겉면을 닦은 뒤 도톰하게 슬라이스 한다.

2 양파는 결 반대 방향으로 6~7mm 두께로 썬다.

3 시금치는 씻어 6~7cm 길이로 썬다.

Tip 시금치는 물에 잠시 담가 두어 흙을 불린 뒤 흐르는 물에 씻으면 쉽게 세척할 수 있어요.

따뜻할 때 먹으면 더 맛있고 들어가는 재료도 부담스럽지 않아 아침으로 먹기에 좋은 샌드위치예요.
커피도 한 잔 따르고 좋아하는 과일 조금 곁들이면 훌륭한 아침식사가 된답니다. 통밀식빵을 바삭하게
구우면 부드러운 양송이버섯, 시금치와 더욱 잘 어울려요.

만들기

1 팬에 올리브오일을 1큰술 두르고 약한 불에 다진 마늘을 볶다가 양파를
  넣고 볶는다.

2 양파가 반투명해지면 양송이버섯을 넣고 볶는다.

3 양송이버섯이 어느 정도 익으면 채소스톡, 발사믹 크림을 넣고 수분이 거의
  없어지도록 조린다.

4 양송이볶음에 시금치를 넣고 빠르게 볶아 숨이 살짝 죽으면 소금, 후추로
  간한다.

5 통밀식빵은 토스터나 팬에 굽고 비건 마요네즈를 넉넉히 바른 뒤 볶은 채소
  를 얹고 빵으로 덮어 완성한다.

  Tip 빵은 구운 뒤 잠시 식혀 주세요. 뜨거울 때 바로 만들면 비건 마요네즈도
  녹아 버리고 빵도 납작해집니다.

사각 샌드위치 래핑 방법

1 종이포일을 직사각형으로 자른 뒤 샌드위치를 올리고 양끝을 모아 잡는다.

2 타이트하게 접은 뒤 양끝을 뽀족하게 접는다.

3 접은 양끝을 샌드위치 아래로 접어 넣는다.

4 샌드위치를 돌려 아래로 접은 양끝을 안으로 접어 넣어 완성한다.

Banh Mi Sandwich

반미 샌드위치

〈2개〉

쌀 바게트 2개
다진 마늘 2작은술
아가베시럽 2작은술
비건 마요네즈(p31 참고) 3큰술
스리라차소스 3작은술
오이 100g

● **무당근절임**
무 120g
당근 30g
비정제 설탕 2큰술
레몬즙 1큰술
소금 1작은술

● **두부조림**
두부(부침용) 240g
간장 1큰술
맛술 1큰술
조청 1/2큰술
생강 1쪽
후추 약간
식용유 2큰술

● **토핑**
청고추 1/2개
홍고추 1/2개
고수 8줄기

Prep.

1 무, 당근은 가늘게 채 썰어 비정제 설탕, 레몬즙, 소금에 30분 이상 재운 뒤 물기를 꼭 짠다.

2 두부는 넓적하게 썬다.

3 오이는 얇게 어슷 썬다.

4 청고추, 홍고추는 동글게 썬다.

5 고수는 씻어 키친타월로 물기를 제거하고 잎만 딴다.

돼지고기 없는 반미 샌드위치는 상상하기 어렵지만 두부를 잘 조리면 못지않게 맛있는 반미 샌드위치
가 돼요. 청홍고추, 고수는 맛을 더할 뿐 아니라 보기도 좋게 해 주니 빠뜨리지 마시고 꼭 넣어 주세요.
하나만 먹어도 속이 든든한 푸짐한 샌드위치입니다.

만들기

1 간장, 맛술, 조청, 생강, 후추를 섞어 조림장을 만든다.

2 두부는 팬에 식용유를 2큰술 두르고 노릇하게 구워 조림장을 넣고 중약 불에 조림장이 두부에 다 배도록 조린다.

3 쌀바게트는 반으로 갈라 토스터나 팬에 노릇하게 굽는다.

4 다진 마늘과 아가베시럽을 섞어 빵 안쪽에 고루 바른다.

5 비건 마요네즈와 스리라차소스를 섞어 절반만 빵에 바르고 오이를 펴서 얹는다.

6 오이 위에 두부조림을 얹는다.

7 두부 위에 물기를 꼭 짠 무당근절임을 얹는다.

8 남은 스리라차소스를 뿌린다.

9 동글게 썬 청고추, 홍고추를 올리고 고수를 고루 얹어 완성한다.

먹기 편한 샌드위치 포장법

1 종이포일을 한쪽이 긴 마름모꼴로 자른다.
2 짧은 꼭짓점 쪽으로 샌드위치를 길게 놓는다.
3 종이포일 양끝을 모아 손으로 꼬고 접시에 담아 완성한다.

1 샌드위치 양옆이 남도록 종이포일을 넓게 자른다.
2 샌드위치를 일자로 놓고 김밥 말듯 타이트하게 종이포일을 감는다.
3 양끝을 꼬아 고정해 사탕 모양을 만든다.
4 가운데를 잘라 접시에 담아 완성한다.

Avocado Wrap Sandwich

아보카도 랩 샌드위치

고수를 넣으면 멕시코 음식 같고 바질을 더 넣으면 이탈리안 요리 같은 재미있는 랩 샌드위치입니다.
고수가 싫다면 고수 대신 토마토 살사에 바질을 조금 더 넣어보세요. 속을 듬뿍 넣으면 말기가 쉽지 않
고 뚱뚱해지지만 그만큼 맛도있어요.

〈2개〉

토르티야 2장
아보카도 1 1/2개
양상추 4장
레몬즙 1/2큰술
올리브오일 1큰술
소금 약간

● **토마토 살사**

토마토 300g
셀러리 30g
양파 30g
바질 3장
식초 1큰술
올리브오일 1큰술
비정제 설탕 1작은술
소금 약간
후추 약간

● **토핑 및 소스**

비건 마요네즈(p31 참고) 3큰술
고수 취향껏

Prep.

1 토마토는 씨를 빼고 깍둑 썰고, 셀러리는 질긴 껍질을 제거하고 잘게 썬다.
2 양파는 잘게 썰고, 바질은 손으로 찢고, 양상추는 씻어 키친타월로 물기를
제거하고 채 썬다.

만들기

1 아보카도는 과육만 발라 레몬즙, 올리브오일, 소금을 넣고 포크로 으깬다.
2 잘게 썬 토마토, 셀러리, 양파, 찢은 바질과 식초, 올리브오일, 비정제 설탕,
소금, 후추를 섞어 토마토 살사를 만든다.
3 토르티야는 마른 팬에 노릇하게 굽는다.
4 으깬 아보카도를 펴 바른다.
5 채 썬 양상추를 올리고 토마토 살사를 얹는다.
6 비건 마요네즈를 뿌리고 고수를 취향대로 얹은 뒤 말아 완성한다.

Tip
토르티야는 미리 구우면 딱딱해지니 먹기 직전에 바로 구워 주세요. 삶은 병아리콩과
적양파를 넣어도 맛있답니다.

Baking & Entrée

베이킹 & 일품요리

Cranberry Whole Wheat Bread

크랜베리 호두 통밀빵

〈1개〉

드라이 이스트 8g
미지근한 물 350㎖
호두 60g
건크랜베리 60g
통밀가루 400g
소금 1 1/4작은술
덧가루(통밀가루) 약간

66

만드는 방법이 너무 쉬워 제가 자주 해 먹는 빵이에요. 반죽에 손을 댈 필요도 없고 알뜰 주걱으로 휘적
휘적 섞어서 구워 내면 된답니다. 따뜻할 때 썰어서 그냥 먹어도 맛있고 메이플시럽이나 잼을 곁들여
먹어도 맛있어요.

99

만들기

1 오븐은 200℃로 예열한다.

2 드라이 이스트는 미지근한 물 350㎖에 녹인다.

3 호두, 건크랜베리는 큼직하게 다진다.

4 통밀가루는 체에 한 번 내린다.

5 체에 내린 통밀가루 한 구석에 소금을 넣고 통밀가루와 소금을 섞는다.

6 드라이 이스트를 녹인 물을 3번에 나눠가며 섞는다.

7 호두와 크랜베리를 섞는다.

　　Tip 날가루에 바로 견과류를 넣으면 견과류에 가루 코팅이 되어 빵을 구운 후
　　에도 그 부분이 하얗게 익지 않을 수 있어요. 젖은 반죽이 된 후에 견과류를
　　넣어 주세요.

8 반죽을 볼에 담고 랩을 씌워 따뜻한 곳에서 30분~40분간 발효한다.

　　Tip 예열 중인 오븐 위에 두면 좋아요. 계절에 따라 발효시간이 달라질 수 있
　　는데, 여름에는 20분~25분 정도 발효합니다.

9 오븐팬에 실팻이나 종이포일을 깔고 반죽을 옮겨 타원형으로 모양을 잡은 뒤 길게 칼집을 내고 윗면에 덧가루를 뿌린다.

 사각으로 굽고 싶다면 빵틀에 식용유를 고루 바르고 반죽을 담은 뒤 길게 칼집을 내고 덧가루를 뿌려 구워요. 덧가루로는 통밀가루를 쓰면 돼요. 덧가 루를 뿌리면 윗면이 타는 것을 막아 줘요.

10 예열된 오븐에 넣고 5분 뒤에 칼집을 한 번 더 내준다.

 5분 정도 지나 빵이 부풀어 오를 때 칼집을 내면 칼집 낸 쪽으로 가스가 잘 빠져 엉뚱한 곳이 터지지 않아요.

11 칼집을 낸 빵을 25~30분간 더 구워 완성한다.

 젓가락을 깊숙이 찔러 보아 반죽이 묻어나지 않을 때 꺼내 주세요.

 빵틀을 사용할 때는 27cm 길이의 파 운드 케이크 틀을 사용해 주세요. 다 구워진 후에는 빵틀에서 바로 꺼내 식혀야 빵이 축축해지지 않아요.

Simple Banana Whole Wheat Bread
바나나 통밀브레드

쉽고 맛있는 베이킹 레시피 하나 더 소개합니다. 검은 점이 생기기 시작한 바나나가 있다면 바나나빵을 만들어 주세요. 다 먹지 못해 냉동실에 얼려 둔 바나나를 써도 좋아요. 바나나를 으깨 재료를 섞어 주는 게 다인 쉬운 레시피지만 촉감도 맛도 좋아 자주 해 먹는 빵이랍니다.

〈2개〉

바나나 400g
두유 90㎖
포도씨유 90㎖
비정제 설탕 80g
소금 1/2작은술
통밀가루 240g
베이킹파우더 2작은술
(시나몬파우더) 1/4작은술
다진 호두 40g
식용유 약간

● 토핑용

바나나 1개
시럽(메이플 또는 아가베시럽) 약간

 Tip

시간이 지나면 바나나가 물러지므로 바로 먹지 않을 경우 바나나 토핑은 생략해 주세요. 바나나 토핑을 하지 않을 때는 반죽에 직접 칼집을 내 가스가 빠지는 길을 만들어야 해요. 무른 반죽이므로 칼집은 길고 깊숙하게 내 주세요. 식은 뒤 밀폐용기에 보관하면 다음 날 더 촉촉한 빵이 됩니다.

만들기

1 오븐은 180℃로 예열한다.

2 바나나, 두유, 포도씨유, 비정제 설탕, 소금은 핸드블렌더나 푸드프로세서로 갈아 섞는다.

  Tip 블랜더나 푸드프로세서가 없다면 지퍼백에 재료를 담고 손으로 으깨도 되고 포크로 바나나를 으깬 뒤 재료와 섞어도 돼요.

3 통밀가루와 베이킹파우더, 시나몬파우더를 체에 내려 반죽에 섞는다.

4 다진 호두를 섞는다.

5 오란다틀(대) 두 개에 식용유를 고루 바른 뒤 반죽을 나눠 담고 바닥에 두어 번 탕탕 쳐서 표면을 평평하게 한다.

6 바나나를 길게 2등분해 각각 얹고 바나나에 시럽을 바른다.

  Tip 시럽이 없다면 집에 있는 잼을 물에 개어 발라도 됩니다.

7 예열된 오븐에 넣고 30분간 구운 뒤 젓가락으로 찔러 반죽이 묻어나면 5분 정도 더 굽고, 다 구워지면 빵을 틀에서 꺼내 식힘망에 얹어 식힌 뒤 썰어 완성한다.

Blueberry Muffin

블루베리 머핀

일 년에 한 번 블루베리 농장에 가서 블루베리를 따고 저렴한 가격에 대량으로 사 둬요. 냉동실에 쟁여 두고 스무디나 샐러드도 해 먹고 빵이나 머핀도 만들어 쓴답니다. 일부러 냉동 블루베리를 쓸 필요는 없지만 생블루베리가 비쌀 때에는 냉동을 사용해도 괜찮아요. 냉동 블루베리에 얇게 낀 성에는 물에 한 번 헹궈 키친타월로 토닥토닥 물기를 닦아 쓰세요.

〈6개〉

바나나 270g
두유 120㎖
포도씨유 90㎖
비정제 설탕 90g
소금 1/2작은술
통밀가루 240g
베이킹파우더 2작은술
블루베리 150g
비정제 설탕 약간

만들기

1 오븐은 180℃로 예열한다.

2 핸드블렌더나 푸드프로세서로 바나나, 두유, 포도씨유, 비정제 설탕, 소금을 갈아 섞는다.

   Tip 지퍼백에 재료를 담고 손으로 으깨도 되고 포크로 바나나를 으깬 뒤 다른 재료와 섞어도 돼요.

3 통밀가루, 베이킹파우더를 체에 쳐서 반죽에 섞는다.

4 블루베리를 넣고 섞는다.

   Tip 토핑을 위해 조금 남겨 두세요.

5 머핀틀에 종이포일을 깔고 컵으로 눌러 모양을 잡은 뒤 높이에 맞게 자른다.

   Tip 머핀용 유산지컵이 없을 때 이 방법을 쓰면 좋아요.

6 머핀틀에 반죽을 담고 남겨 둔 블루베리를 얹는다.

   Tip 블루베리는 가운데 올려야 부풀어 오른 뒤 모양이 좋아요.

7 윗면에 비정제 설탕을 살살 뿌린 뒤 오븐에 25분간 구워 완성한다.

   Tip 젓가락으로 찔렀을 때 반죽이 묻어나지 않으면 완성이에요.

Banana Pancake

바나나 팬케이크

<8장>
바나나 120g
오트밀크 240㎖
포도씨유 35㎖
비정제 설탕 2큰술
소금 1/2작은술
통밀가루 200g
베이킹파우더 1큰술
시나몬파우더 1작은술
식용유 약간

• 호두시나몬파우더
호두 40g
시나몬파우더 1작은술
비정제 설탕 1큰술

• 토핑
바나나 1개
비정제 설탕 약간
메이플시럽 1큰술
아몬드 슬라이스 2큰술
장식용 허브 또는 채소잎 약간

> 주말 아침 브런치로 팬케이크 어떠세요? 저는 캐러멜라이즈한 바나나를 올리고 블루베리 콩포트도 곁들이곤 해요. 블루베리 콩포트는 일부러 만들 필요 없이 집에 있는 잼에 블루베리를 넣고 전자레인지에 한 번 돌려주면 돼요. 여기에 좋아하는 과일 한두 가지 곁들여 늦은 아침을 즐겨 보세요.

만들기

1 바나나, 오트밀크, 포도씨유, 비정제 설탕, 소금을 핸드블렌더나 푸드프로세서
로 곱게 간다.

2 통밀가루와 베이킹파우더, 시나몬파우더를 체에 내려 반죽에 섞는다.

3 팬에 식용유를 얇게 두르고 약한 불에 반죽을 올려 굽는다. 표면에 공기방울
이 생기면 뒤집어 마저 굽는다.

4 푸드프로세서에 호두, 시나몬파우더, 설탕을 함께 넣고 갈아 호두시나몬파우
더를 만든다.

5 토핑용 바나나를 길게 2등분하고 다시 반으로 잘라 단면 쪽에 비정제 설탕을
뿌린 뒤 토치로 겉을 녹여 캐러멜라이즈한다.

6 접시에 팬케이크를 얹고 호두시나몬파우더와 토핑을 얹어 완성한다.

플레이팅

1 접시에 팬케이크를 올린다.

2 호두시나몬파우더를 뿌린다.

3 캐러멜라이즈한 바나나를 올리고 메이플시럽을 뿌린다.

4 아몬드 슬라이스를 얹고 허브 또는 채소잎으로 장식해 완성한다.

    Tip 저는 당근잎을 사용했어요. 잎이 있는 당근을 구입했을 때 잎을 버리지

    말고 장식용으로 활용해 보세요.

Roasted Potatoes with Herb Dressing
허브드레싱 알감자구이

〈1접시〉

알감자 400g
소금 약간
후추 약간
올리브오일 1큰술
크러시드 레드페퍼 약간

● 허브드레싱
딜, 이탈리안 파슬리 섞어서 5g
화이트와인 비니거 1/2큰술
레몬즙 1/2큰술
아가베시럽 2큰술
소금 1/4작은술
올리브오일(엑스트라버진) 1큰술

● 비건 렌치드레싱
비정제 설탕 1/2작은술
건파슬리 1/2작은술
소금 1/8작은술
양파파우더 1/4작은술
다진 마늘 1/4작은술
디종 머스터드 1/2작은술
화이트와인 비니거 1/2작은술
비건 마요네즈(p31 참고) 40g

Prep.
1　알감자는 껍질째 깨끗이 씻는다.
2　딜, 이탈리안 파슬리는 잘게 썬다.

알감자를 익힌 뒤 오븐에 구우면 껍질이 바삭해지지만 30분 정도로 오래 구워야 하기 때문에 저는 오
븐에 굽는 대신 팬프라이를 해요. 감자를 쪄서 팬에 한 번 굽고 드레싱을 뿌리면 완성! 쉬운 조리법이
지만 결과물은 허술하지 않은 맛있는 메뉴랍니다.

만들기

1 알감자는 냄비에 물을 넉넉히 붓고 소금을 약간 넣어 뚜껑 덮고 삶는다. 30분
   정도 되었을 때 젓가락으로 찔러 보아 살캉하게 들어가면 물을 아주 조금만
   남기고 따라 버린 뒤 뚜껑 덮고 약한 불에서 물이 없어질 때까지 뜸을 들인다.

2 알감자가 식기 전에 포테이토 매셔로 눌러 납작하게 만든다.

   [Tip] 포테이토매셔가 없으면 컵이나 그릇 밑면으로 눌러도 돼요.

3 팬에 올리브오일을 1큰술 두르고 납작하게 누른 감자를 올린 뒤 소금, 후추로
   간하여 노릇하게 굽는다.

4 각각의 드레싱 재료를 모두 섞어 허브드레싱, 비건 렌치드레싱을 만든다.

5 접시에 구운 알감자를 담고 두 가지 소스를 뿌린 뒤 크러시드 레드페퍼를
   뿌려 완성한다.

플레이팅

1 구운 알감자를 접시에 담는다.

2 비건 렌치드레싱을 뿌린다.

3 허브드레싱을 뿌린다.

4 크러시드 레드페퍼를 뿌려 완성한다.

Grilled Baechu with King Oyster Mushroom

새송이 관자를 곁들인 알배추구이

〈2접시〉

알배추 1/2통
새송이버섯 2개
바게트 1조각
올리브오일 약간
소금 약간
케이퍼 1큰술
발사믹 크림 약간
식용유 약간

• 깨소스

비정제 설탕 2큰술
깨소금 2큰술
레몬즙 1큰술
소금 1/8작은술
식초 1/4작은술
비건 마요네즈(p31 참고) 60g

Prep.

1 알배추 1/2통은 다시 세로로 2등분한다.

2 새송이버섯은 기둥부분만 두툼하게 3등분해 양 단면에 격자무늬로 칼집을 낸다.

배추는 정말 활용도가 높은 채소예요. 김치, 겉절이는 물론이고 국, 전, 만두속 어디에 활용해도 맛있죠. 사과나 감 같은 가을 과일을 넣고 샐러드를 해 먹어도 맛있는데, 이렇게 그릴에 구우면 또 별미랍니다. 노랗게 속이 찬 알배추로 제철에 만들면 더 맛있어요. 식감을 위해 바게트를 구워 넣고 톡 쏘는 킥을 위해 케이퍼를 곁들였어요.

만들기

1   알배추는 전자레인지 용기에 물을 약간 담고 뚜껑을 덮어 3~4분 정도 전자
   레인지에 돌려 익힌다.

2   바게트는 마른 팬이나 토스터에 구워 손으로 부숴 둔다.

3   깨소스 재료를 모두 섞어 깨소스를 만든다.

4   새송이버섯은 마른 팬에 센 불로 굽다가 색이 나면 올리브오일을 뿌리고
   소금으로 간해 마저 굽는다.

5   전자레인지에 익힌 알배추는 그릴 팬에 식용유를 살짝 바르고 센 불로 구워
   그릴자국을 낸다.

6   접시에 깨소스를 담고 발사믹 크림을 뿌린 뒤 알배추와 새송이버섯, 케이퍼를
   얹고 부순 바게트를 뿌려 완성한다.

플레이팅

1 접시에 깨소스를 둥글게 펴 담고 발사믹 크림을 뿌린 뒤 구운 알배추를 올린다.

2 구운 새송이버섯을 얹는다.

3 케이퍼를 뿌린다.

  Tip 케이퍼를 팬에 한 번 구워 사용하면 더 좋아요.

4 부순 바게트를 뿌려 완성한다.

Bell Pepper Tteokbokki
피망 떡볶이

비타민이 풍부한 피망이 듬뿍 들어간 맛있는 떡볶이입니다. 피망은 센 불에 재빨리 볶아 숨이 많이 죽지 않도록 해 주세요. 아삭한 느낌이 살아 있게 볶으면 쫀득한 떡볶이떡과 더 잘 어울리고 담아 낸 모양새도 더 좋답니다.

〈1접시〉

떡볶이떡 400g
피망 1 1/2개
건표고 2장
식용유 1큰술 + 1작은술

● 조림장

비정제 설탕 1큰술
다진 파 2큰술
다진 마늘 1큰술
간장 3큰술
맛술 1큰술
참기름 1/2큰술
깨 1/2작은술
후추 약간

Prep.

1 피망은 위아래를 잘라내고 씨와 안쪽 흰 부분을 제거한 뒤 채 썬다.
2 불린 표고버섯은 가볍게 물기를 짜고 얇게 채 썬다.
3 떡볶이떡은 세로로 반 가른다.

만들기

1 조림장 재료를 섞어 조림장을 만든다.
2 떡볶이떡은 끓는 물에 데친다.
3 팬에 식용유를 1큰술 두르고 데친 떡과 표고버섯, 조림장을 넣고 조림장이 스미도록 볶는다.
4 볶은 떡을 팬의 한쪽으로 밀고 식용유를 1작은술 더 넣은 뒤 피망을 살캉하게 볶아 밀어 둔 재료와 함께 고루 볶아 완성한다.

Tortilla and Hummus Dip

토르티야 후무스 딥

〈1접시〉

건크랜베리 15g
이탈리안 파슬리 약간
적양파 30g
토르티야 2장
후무스(p39 참고) 200g
올리브오일(엑스트라버진) 3~4큰술
삶은 병아리콩(p39 참고) 30g
비건 페타치즈(p37 참고) 50g
통후추 갈아서 약간

66

그릴에 구운 토르티야에 후무스와 크랜베리, 적양파와 비건 페타치즈를 올려 플레이팅한 메뉴예요. 맛있고 보기에도 예뻐 수업 때 반응이 좋답니다. 크랜베리 대신 말린 대추야자 열매인 데이츠나 말린 청포도인 설타나를 사용해도 잘 어울려요.

99

만들기

1 건크랜베리는 큼직하게 다진다.

2 이탈리안 파슬리는 잎만 떼어 채 썬다.

3 적양파는 잘게 다진다.

4 토르티야는 그릴 팬에 구운 뒤 삼각형으로 썬다.

5 접시에 후무스를 담고 준비한 재료를 얹은 뒤 토르티야를 곁들여 완성한다.

플레이팅

1 접시에 후무스를 얹고 숟가락으로 골을 만들며 펴 담는다.

2 후무스 골에 올리브오일을 뿌리고 삶은 병아리콩을 올린다.

3 건크랜베리, 적양파, 비건 페타치즈를 뿌린다.

   Tip 만들어 놓은 페타치즈가 없다면 생략해도 좋아요.

4 통후추와 이탈리안 파슬리를 뿌리고 토르티야를 곁들여 완성한다.

Hummus with green pea

완두콩 후무스

〈1접시〉
감자 80g
소금 1작은술+약간
완두콩 40g
올리브오일 1큰술
다진 마늘 1/2작은술
커민시드 1/2작은술
후무스(p39 참고) 200g

● **토핑**
적양파 20g
올리브오일(엑스트라 버진) 1큰술
칠리파우더 약간
(딜) 3~4줄

감자와 완두콩을 커민시드와 함께 볶아 따뜻할 때 후무스에 올려 먹으면 별미랍니다. 딜은 선택사항이
니 생략해도 좋아요. 커민시드의 톡톡 씹히는 식감이 좋지만 없다면 커민파우더로 대체해도 됩니다.
반짝거리는 적양파는 꼭 뿌려 주세요.

만들기

1 감자는 껍질을 벗기고 깍둑 썰어 물 500㎖에 소금을 1작은술 넣고 삶는다.

2 적양파는 다지고 딜은 잎만 뗀다.

3 완두콩은 끓는 물에 소금을 약간 넣고 데친다.

4 팬에 올리브오일을 1큰술 두르고 다진 마늘, 감자, 커민시드를 넣고 중간 불에
   감자가 노릇해지도록 볶는다.

5 삶아 놓은 완두콩을 함께 넣고 볶는다.

6 접시에 후무스를 담고 재료를 올려 완성한다.

플레이팅

1 접시에 후무스를 숟가락으로 골을 만들며 펴 담는다.
2 후무스 골에 담기도록 올리브오일을 뿌린다.
3 감자, 완두콩 볶은 것을 올린다.
4 다진 적양파, 칠리파우더, 딜을 뿌려 완성한다.

Ratatouille

라따뚜이

예전에는 수업 때 라따뚜이에 새우를 구워 곁들여 내곤 했어요. 뭔가 채소만으로는 부족하다는 생각을 했나 봐요. 라따뚜이는 채소요리고 그것만으로도 넘치게 충분한데 말이죠. 토마토, 가지, 주키니, 파프리카, 양파와 마늘. 이렇게 평범한 재료들로 이렇게 맛있는 음식이라니. 한번 만들어 보면 왜 영화 라따뚜이의 셰프 구스토가 "Anyone can cook!(누구라도 만들 수 있어!)"라고 했는지 이해가 된답니다.

〈1접시〉

빨간 파프리카 1개
주키니 1/3개
가지 1/3개
양파 120g
토마토 200g
작은 토마토 1개
프레시 타임 10줄기
올리브오일 1 1/2큰술
다진 마늘 2작은술
소금, 후추 약간
타임(토핑용) 2줄

Prep.

1 파프리카는 가스불이나 토치로 껍질을 태워 볼에 담고 랩을 씌워 식힌다.
   Tip 비닐봉지에 넣어 둬도 됩니다.

2 주키니, 가지는 동글게 슬라이스한다.
   Tip 슬라이서를 사용해도 돼요. 얇게 슬라이스해 주세요.

3 양파는 채 썬다.

4 토마토 200g은 씨를 빼고 과육만 채 썬다.

5 작은 토마토 1개는 동글게 슬라이스한다.

6 타임은 잎만 떼어둔다.

만들기

1 파프리카는 물에 씻어가며 탄 껍질을 벗겨내고 꼭지, 씨, 하얀 심부분을 잘라
   낸 뒤 살만 채 썬다.

2 팬에 올리브오일을 1큰술 두르고 중간 불에 양파를 넣어 볶다가 채 썬 토마
   토, 파프리카, 다진 마늘, 타임을 넣고 볶는다.

3 양파와 파프리카가 완전히 익으면 핸드블렌더나 믹서로 곱게 갈고 소금, 후추
   로 간해 소스를 만든다.

4 그라탱 용기에 소스를 깔고 위에 슬라이스한 주키니, 가지, 토마토를 가지런
   히 담는다.

5 올리브오일 1/2큰술과 소금을 약간 뿌려 간한다.

6 종이포일을 덮어 200℃로 예열된 오븐에서 35분간 구워 완성한다.
   Tip 타임을 올려 장식해 주세요.

Pan Fried Potatoes with Tartar Sauce

감자구이와 타르타르소스

〈1접시〉

감자 300g
전분 3큰술
소금 1/4작은술
식용유 적당량

● **타르타르소스**

비정제 설탕 1작은술
소금 1/4작은술
화이트와인 비니거 1/2작은술
다진 양파 1큰술
비건 마요네즈(p31 참고) 40g

● **토핑**

잣 1큰술
이탈리안 파슬리 1줄기
브라질너트 2개

Prep.

1 감자는 반은 가늘게 채 썰고 반은 강판에 갈아 체에 밭쳐 물기를 뺀다.
2 토핑용 잣은 마른 팬에 노릇하게 구워 반은 다진다.
3 이탈리안 파슬리는 채 썬다.

감자는 어떻게 구워도 맛있고 다양한 소스와도 잘 어울리는 믿음직스러운 재료죠. 바삭하게 구워 타르
타르소스만 곁들여도 정말 맛있답니다. 애피타이저로도 좋고 조금 짭짤하게 만들면 맥주와도 잘 어울
려요.

만들기

1 타르타르소스 재료를 섞어 타르타르소스를 만든다.

2 채 썬 감자와 강판에 간 감자를 전분에 버무려 소금으로 간하고 식용유를
    넉넉히 두른 팬에 한입 크기로 올려 센 불에 튀기듯 부친다.

3 감자구이를 접시에 담고 타르타르소스를 얹어 완성한다 .

플레이팅

1 접시에 감자구이를 담는다.
2 감자 위에 타르타르소스를 얹는다.
3 통잣과 다진 잣을 뿌린다.
4 브라질너트를 그레이터에 갈아 뿌리고 이탈리안 파슬리를 올려 완성한다.

Soup

수프

Chickpea Corn Cold Soup

칙피 콘 콜드 수프

〈4인분〉

주키니 50g
양파 50g
다진 마늘 1작은술
올리브오일 1큰술
청고추 1/3개
데이츠 1개
캔옥수수 40g
소금 1/4작은술
삶은 병아리콩(p39 참고) 140g
커민파우더 1/4작은술
오트밀크(바리스타용) 1컵
물 50㎖

● 토핑

오트밀크(바리스타용) 1/2컵
올리브오일(엑스트라버진) 약간
통후추 약간
쳐빌 약간

Prep.

1 주키니는 가늘고 짧게 채 썬다.
2 양파는 다진다.
3 청고추는 다진다.
4 데이츠는 물을 약간만 넣고 불린 뒤 찢는다.
5 옥수수는 체에 밭쳐 물기를 뺀다.

커민향이 살짝 나는 이 수프는 빵을 곁들여 식사처럼 먹는 든든한 수프라기보다 적은 양으로 입맛을
돋워 주는 애피타이저 역할에 맞는 음식이랍니다. 하루 전에 만들어 냉장실에 두었다 먹기 전에 간을
해 주는 게 좋아요. 푸짐하게 담기보다 적은 양을 예쁘게 담아 주세요.

만들기

1 팬에 올리브오일을 1큰술 두르고 양파, 주키니, 다진 마늘을 넣어 채소가 다
   익도록 볶아 한 김 식힌다.

2 삶은 병아리콩은 푸드프로세서에 곱게 간다.

3 볶은 채소와 간 병아리콩, 다진 청고추, 불린 데이츠, 옥수수, 소금, 커민파우
   더, 오트밀크 1컵, 물 50㎖를 믹서에 넣고 곱게 간다.
   Tip 너무 되직하면 물을 추가로 넣어 농도를 맞춰 주세요.

4 오트밀크 1/2컵은 전자레인지에 따뜻하게 데워 우유거품기로 거품을 낸다.

5 그릇에 수프를 담아 완성한다.

데이츠 대신 비정제 설탕을 1/4작은술
넣어도 돼요.

플레이팅

1 그릇에 수프를 담는다.
2 올리브오일을 뿌리고 통후추를 갈아 뿌린다.
3 오트밀크 거품을 올린다.
4 쳐빌을 올려 완성한다.

Mushroom Soup

양송이 수프

〈4인분〉

양송이버섯 250g
양파 180g
올리브오일 2큰술
두유 100㎖
오트밀크 200㎖
영양효모(뉴트리셔널 이스트) 1작은술
소금 약간
메이플시럽 약간
통후추 약간

● 튀일
통밀가루 1큰술
물 70㎖
식용유(포도씨유) 2큰술+약간

Prep.

1 양송이버섯은 젖은 행주나 키친타월로 겉을 닦고 슬라이스한다.
2 양파는 2등분해서 결 반대방향으로 썬다

양송이의 향을 그대로 느낄 수 있는 레시피랍니다. 양송이버섯, 양파 외에 별다른 재료가 들어가지 않아 정말 간단히 만들 수 있어요. 수프를 만들 때는 예쁜 모양의 양송이버섯이 필요하지 않기 때문에 못생긴 양송이를 저렴한 가격에 대용량으로 사서 쓰셔도 좋아요. 장식으로 튀일보다 더 간단한 걸 원하면 바게트를 얇게 저며 썰어 올리브오일을 발라 토스터에 구워 곁들여 보세요. 바게트 위에 파슬리가루를 조금 뿌려도 좋습니다.

만들기

1 양파는 팬에 올리브오일을 1큰술 두르고 중약 불에 갈색이 나도록 볶은 뒤 덜어 둔다.
2 팬에 올리브오일을 1큰술 두르고 양송이버섯을 넣어 버섯에서 나온 수분이 증발할 때까지 센 불에 볶아 덜어 둔다.
3 양송이버섯과 양파가 한 김 식으면 믹서에 넣고 두유, 오트밀크, 영양효모를 넣고 간 뒤 소금으로 간한다.
4 냄비로 옮겨 농도가 나도록 끓인다.
5 그릇에 수프를 담고 메이플시럽과 통후추를 뿌리고 튀일을 얹어 완성한다.

튀일 만들기

1 통밀가루 1큰술, 물 70㎖, 식용유 2큰술을 섞어 튀일 반죽을 만든다.
2 코팅된 팬에 식용유를 약간만 두르고 반죽을 동그랗게 펴서 중간 불로 굽는다.
3 반죽이 바삭하게 익으면 꺼내 키친타월에 올려 식힌다.

플레이팅

1   그릇에 수프를 담는다.
2   메이플시럽을 뿌리고 젓가락으로 모양을 만든다.
3   통후추를 갈아 뿌리고 튀일을 얹어 완성한다.

Minestrone Soup

미네스트로네 수프

〈4인분〉

양파 100g
당근 40g
셀러리 40g
양배추 100g
청양고추 1개
시금치 50g
오레키에테 30g
올리브오일 적당량
다진 마늘 1작은술
화이트와인 2큰술
홀토마토 200g
채소스톡(p37 참고) 350㎖
드라이 오레가노 1작은술
백미소된장 1 1/2큰술
소금 약간
통후추 약간

Prep.

1 양파, 당근은 잘게 깍둑 썬다.
2 셀러리는 질긴 껍질을 벗기고 깍둑 썬다.
3 양배추도 같은 크기 사각형으로 썬다.
4 청양고추는 둥글게 슬라이스한다.
5 시금치는 꼭지를 떼고 씻어 2등분한다.

미네스트로네는 김이 펄펄 나게 뜨겁게 끓여 먹으면 맛있어요. 페페론치노 대신 청양고추를 넣어 살짝
매콤하게 끓이면 뜨거운데 시원한 우리네 국밥 같은 수프가 된답니다. 오레키에테뿐 아니라 루오테나
마카로니처럼 숟가락에 올리기 쉬운 작은 파스타를 쓰면 좋아요. 완전히 익힌 상태에서 수프에 넣고
끓이면 푹 퍼져서 맛이 없으니 반만 익혔다가 수프에 넣어 한 번만 후루룩 끓여 내세요.

만들기

1 오레키에테는 꼬뚜라 익힘 시간의 1/2만큼 삶아 건져 올리브오일 1/2큰술에
  버무려 놓는다.

  Tip 포장지에 알덴테와 꼬뚜라 시간이 적혀 있을 거예요. 알덴테는 안에 심이
  남아 있을 정도의 식감, 꼬뚜라는 충분히 익은 상태입니다. 꼬뚜라 10분이라
  고 한다면 5분만 삶아 주면 돼요.

2 팬에 올리브오일을 2큰술 두르고 중간 불에 양파, 당근, 셀러리, 양배추, 다진
  마늘을 넣어 양파가 투명해지도록 충분히 볶는다.

3 센 불로 올리고 화이트와인을 부어 알코올 향이 날아갈 때까지 볶는다.

4 홀토마토를 넣고 주걱으로 으깨 가며 한 번 볶는다.

5 채소스톡, 청양고추, 드라이 오레가노를 넣고 재료가 모두 익도록 끓인다.

6 거의 다 익으면 백미소된장을 풀고 취향에 따라 소금으로 간한다.

7 반쯤 삶은 오레키에테와 시금치를 넣고 한 번 끓인 뒤 통후추를 갈아 넣어
  완성한다.

Potato Soup
감자 수프

〈2인분〉

감자 250g
양파 70g
대파 70g
다진 마늘 1/2작은술
올리브오일 1큰술
채소스톡(p37 참고) 500㎖~700㎖
드라이 타임 1/4작은술
월계수잎 1장
오트밀크 1/2컵
소금 약간

• 토핑
(코코넛밀크) 1~2큰술
딜 약간
통후추 약간
올리브오일(엑스트라버진) 1큰술

Prep.

1 감자는 껍질을 벗기고 얇게 썬다.

 Tip 감자 두께에 따라 채소스톡의 양이 달라져요. 감자를 두껍게 썰면 감자를 오래 익혀야 하기 때문에 채소스톡도 더 많이 필요하답니다.

2 양파는 채 썬다.

3 대파는 슬라이스한다.

원래는 대파 대신 릭(leek)을 쓰지만 릭을 구하기가 쉽지 않아요. 서양채소가 많이 대중화되었지만 아티초크나 루밥, 파스닙처럼 서양에서는 흔히 쓰이는데 구하기 어려운 채소들도 아직 많지요. 그러나 릭 대신 대파가 훌륭한 대안이 된답니다. 대파는 볶으면 단맛이 올라오고 릭만큼이나 감자와 멋진 조화를 이뤄요. 우리에게 너무나 친숙한 재료기도 하고요. 대파를 달달 볶아 목넘김이 좋은 감자 수프를 만들어 보세요.

만들기

1 팬에 올리브오일을 1큰술 두르고 다진 마늘, 채 썬 양파, 슬라이스한 대파를
   중약 불에 갈색이 날 때까지 오래 볶는다.

2 감자를 넣고 채소스톡, 타임, 월계수잎을 넣어 끓인다.
   Tip 채소스톡은 다 넣지 말고 조금 남겨 두세요.

3 감자가 푹 익으면 월계수잎을 빼내고 핸드블렌더나 믹서로 간 뒤 오트밀크,
   채소스톡으로 농도를 맞춘다.
   Tip 묵직한 것이 좋으면 채소스톡을 적게, 묽은 것이 좋으면 많이 넣어 원하
   는 농도를 맞춰 주세요.

4 소금으로 간하고 그릇에 담아 완성한다.
   Tip 코코넛밀크를 뿌리면 예쁘지만 맛에 크게 영향을 미치지는 않으므로
   생략해도 돼요.

플레이팅

1 그릇에 수프를 담는다.

2 코코넛밀크를 뿌린다.

3 올리브오일과 통후추를 뿌린다.

> *Tip* 코코넛밀크와 올리브오일을 뿌릴 때 그릇의 벽면에 닿지 않게 뿌려야
> 깨끗해요.

4 딜을 얹어 완성한다.

Sweet Potato Soup

고구마 수프

저장해 둔 고구마는 겨울이 깊어갈수록 단맛이 더 올라와요. 이때 고구마 수프를 만들면 많은 재료를 쓰지 않아도 맛있는 수프를 만들 수 있어요. 계피 향을 더하고 따끈한 빵 한 조각을 곁들이면 추운 날 든든한 아침식사가 됩니다. 고구마 칩을 곁들여도 좋고 사과를 슬라이스해 말린 칩을 얹어도 잘 어울려요.

〈4인분〉

고구마 300g
양파 100g
식용유 1작은술
오트밀크 400㎖
채소스톡 150㎖
소금 3/4작은술
양파파우더 1/2작은술

● 토핑
사과칩 2–3개
시나몬파우더 약간

만들기

1 고구마는 찜기에 찐 후 껍질을 벗긴다.
2 양파는 결 반대방향으로 채 썰어 중간 불에 식용유 1작은술을 두르고 양파가 갈색이 되도록 볶는다.
3 믹서에 찐 고구마, 볶은 양파, 오트밀크, 채소스톡, 소금, 양파파우더를 모두 넣고 곱게 간다.
4 냄비에 옮겨 따뜻하게 데운 뒤 그릇에 담고 사과칩을 올리고 시나몬파우더를 뿌려 완성한다.
   Tip 수프가 되직하면 채소스톡이나 오트밀크를 더 넣어 원하는 농도로 맞춰 주세요.

사과칩 만들기

사과 1개를 슬라이서로 껍질째 얇게 슬라이스한 뒤 건조기에서 70℃로 2시간 말리거나 110℃ 오븐에서 1시간 30분 정도 말리듯 굽는다. 두 방법 모두 중간에 한 번 뒤집어 준다.

Sweet Pumpkin Soup

단호박 수프

〈2인분〉

단호박 200g
양파 70g
캐슈넛 20g
채소스톡 200㎖
올리브유 1큰술
오트밀크 50㎖
소금 1/4작은술

● 토핑
통밀빵 1조각
두유 1/2컵
허브 약간

Prep.

1 캐슈넛은 따뜻한 물에 20분간 불린다.

2 단호박은 크게 등분해 찜기나 전자레인지에 쪄서 껍질을 벗긴다.

3 양파는 채 썬다.

부드러운 단호박 수프에 바삭한 통밀빵이나 바게트 크루통을 얹어 내면 맛도 모양도 좋답니다. 단호박
과 양파의 조합도 맛있고 양파 대신 고구마를 써도 좋아요. 크루통 대신 큰 빵조각을 곁들이면 든든한
한끼로도 손색없어요.

만들기

1 믹서에 불린 캐슈넛과 채소스톡을 1~2큰술 넣고 곱게 간다.

2 양파는 팬에 올리브유를 1큰술 두르고 중약 불에 투명해지도록 볶는다.

3 믹서에 찐 단호박, 볶은 양파, 갈아 놓은 캐슈넛, 남은 채소스톡, 오트밀크,
   소금을 넣고 곱게 갈아 냄비에 옮겨 한소끔 끓인다.

4 두유 1/2컵을 전자레인지에 데운 뒤 거품기로 거품을 낸다.

5 수프를 그릇에 담고 두유거품을 넓게 얹은 뒤 구운 통밀빵을 잘라 얹고 허브
   로 장식해 완성한다.

플레이팅

1 단호박 수프를 담는다.

2 두유거품을 넓게 얹는다.

3 올리브오일을 뿌리고 통밀빵 크루통을 군데군데 얹는다.

4 허브로 장식해 완성한다.

Index